子どもが変わる授業

算数の先生が教える授業づくりの秘訣

Tanaka Hiroshi
田中博史

東洋館出版社

はじめに

ＮＨＫのテレビ番組で、私は数年間、算数の授業をしていたことがあります。

学校の教室ではなく、テレビカメラが回っているスタジオで授業をする――当時、教師になってすでに二十年以上たってはいましたが、普段とは異なる環境で授業をする中で、日々の授業とは違った視点で改めて気づかされたことがたくさんありました。

その一つが授業テンポについてです。

授業ではテンポが大切だとよく言われます。テンポが遅すぎると子どもの集中力が途切れてしまいますし、速すぎればついてこられない子どもがいます。

私自身、授業を進める速さには気をつけていたつもりでしたが、それを改めて見直すきっかけになったのが、テレビ番組の収録で行った授業中のある出来事でした。

授業中に、子どもがつぶやいた意外な一言。

ある偶然のつぶやきがきっかけで、私は自分の授業の進め方が子どもたちにとって速すぎていたことに気がついたのです。そのことについてお話ししましょう。

テレビ用の収録では、授業を撮影した後に、その録画テープを見ながら編集作業を行います。数台のカメラで撮影した映像をつなぎ合わせて、十五分なら十五分の尺に合わせた放送用の映像をつくっていくわけです。

その映像では、子どもから出たいい言葉をもちろん取り上げたい。しかし、子どもというのは予告なしに話し始めるので、カメラがその子に追いついたときにはすでに話し終えてしまっていたということがよくありました。

実際の授業では、子どもの「これ〇〇だよね」という言葉を受けて、私が「そうか、これ〇〇なんだ」と話していても、「〇〇だよね」と言った子どもが映像として撮れていなければ、そのシーンは編集でカットせざるをえません。

すると、「そうか、これ〇〇なんだ」という私の発言からシーンが始まることになります。本当はきっかけをつくった子どもの言葉があったのに、私が誘導したような構成になってしまうのです。これでは授業の本当の姿を伝えることはできません。

そこで私は考えました。

次の収録のときは、使いたいシーンの子どもをカメラがきちんと追えているかどうか、自分でカメラの動きをチェックしながら授業を進めることにしよう、と。

迎えた収録当日。

A子から、その日の授業のポイントとなる発言が出ました。

私は「なるほど、いいね」と言ってすかさずカメラのランプをチェックしましたが、その瞬間、カメラはA子ではなく私を撮っていました。

そこで、私は「いいね、それってこういうこと?」と、わざと少し聞き間違えたことを言ってみました。すると、A子は「何言ってるの、違うよ。あのね……」と説明をもう一度くり返すことになり、その間にカメラは切り替わってA子をとらえてくれたのです。

よし、これで編集も大丈夫だと私が思ったそのときです。

A子の二度目の説明を聞いていたB子が**「あ、そういうことね」**とつぶやきました。

これは、私にとって予想外のことでした。

私がわざと聞き間違ってワンクッションを入れたのは、カメラが追いつくのを待つためでした。けれども、それは同時に、子どもたちがA子の発言をもう一度聞くチャンスにもなっていたのです。

二度目の説明を聞いてB子が「あ、そういうことね」と言ったということは、B子は一度目の説明ではわかっていなかったということです。もしも私が一度目で「なるほどね」と言って先に進めていたら、B子はこの授業の鍵となったA子の言葉をよく理解しないまま、その後の授業に進むことになっていたはずです。

よく考えてみれば、B子がついてこられなかったのも当然のことかもしれません。大人のカメラマンが追えないのですから、子どもたちが一度聞いてすぐに理解するのは難しいと思うべきでした。

そして、これは、このとき一回きりのことではないはずだと思いました。

実は同じようなことがこれまでの授業でも連続して行われていたのではないか……。つまり、私の授業のテンポが速すぎていたということに、私自身が気づいた瞬間でした。

それ以来、私は**あえて子どもの言葉を聞き間違える**ということを授業の中で時々やっています。

特にキーになる発言が子どもから出たときほど、そうすることにしています。

わざと聞き間違えてみたり、「この子の気持ち、わかるかな？」と言ってもう一度子どもに戻したり……行きつ戻りつしながら進めることで、大事なところを子どもたちにちゃんと聞きとらせることを意識したのです。

子どもの一言が今の私の授業につながる気づきをくれたように、教師が気をつけているつもりでも、子どもの目から見ると「もっとこうしてくれたらいいのに」と思う場面はきっとあるのではないでしょうか。

子どもと接するとき、教師が少しそのことを意識するだけで、子どもも授業も必ず変わる――本書のタイトル「子どもが変わる授業」には、そんな思いを込めました。

授業で教師がどのように接すれば、子どもが動きたくなってくれるのか。
どんな考え方で授業をつくれば、子どもがおもしろいと思う授業ができるのか。

子どもたちが私にくれた数え切れないほどのきっかけをもとに、授業づくりで私が大切にしていることをまとめたのが本書です。

私は現在、筑波大学附属小学校で算数の教師をしています。本書で紹介しているのも算数授業でのエピソードがほとんどなので、すべての教科で同じようにできるというわけではないでしょう。

ただ、「子どもとの接し方」という視点で授業づくりを考えれば、たとえ教科が違っても、大切にしたいことには、たくさんの共通点があると思うのです。

授業を変えるために最初に取り組むのは、**子どもに接するときの「教師の心のもち方」を変えること**です。

すると、見えてくる子どもの世界が変わります。

一人の子どもが変わるとクラスも変わります。

教材のとらえ方が変わると授業も変わります。

でも、これらすべての出発点は、実は「教師が変わる」ことかもしれません。

田中博史

子どもが変わる授業　もくじ

第2章 だから、子どもが動きたくなる
――「クラス」が変わる

第3章 「何のために」を考えてみると……

――「授業」が変わる

第4章　子どもが楽しいのはどんなとき？
――「活動」が変わる

第5章 あえて「逆のこと」を試してみる
――「教師」が変わる

第１章

変化は「少しだけ」のほうがいい

──「子ども」が変わる

子どもをやる気にさせたいときの落とし穴

拙著『子どもが変わる接し方』（東洋館出版社）で、子どもを動かしたいなら「子どもが自分から動きたくなるような仕掛けをすること」が大切だと書きました。

これは、授業づくりを考えるときにも私がとても大切にしていることです。宿題の出し方でも、その提示の仕方次第で子どもの動きは変わってきます。

たとえば、計算問題が20問あるプリントを宿題で出すとき、先生が「この中から10問選んでやっておいで」と言えば、子どもは「えっ、10問だけでいいの？」と思うでしょう。全部を解いておいでと言われるよりもモチベーションは上がるはずです。

ただし、です。

この宿題の出し方には落とし穴があります。

「10問やっておいで」と投げかけた後、その先の子どもの動きを教師がきちんと予測しておかなければ、逆に子どものやる気をなくしてしまうことにもなりかねないのです。

「10問やっておいで」と教師が投げかけた。けれども、翌日、学校に行ってみると10問よりたくさんやってきた子がいた。

すると、10問と言われたけれど全部やってきた子どもがまずほめられることになるでしょう。子どもによっては「10問より多くやった子を先生はたぶんほめるだろうな」と思って15問、20問を仕上げてくることもあるでしょう。


では、「10問しかやってこなかった子は悪い子」なのでしょうか。


先のように提示するのであれば、ここをきちんと考えておかなければいけません。

「10問でいい」と言っておきながら、結局それよりたくさんやれということなんでしょうということになったら、それは子どもにとっては負担でしかありません。それなら最初から20問やっておいでと言ってほしいと思うでしょう。

ですから、もし「10問だけやっておいで」と指示するなら、それは「10問以上解いてきた子どもをほめることができる」ということだけでなく**「10問きっちり解いてきた子どもにとってもよさがあるのか」を考えておく必要がある**のです。

さて、「10問解いてきた子ども」のよさとは何でしょう。

私が思う「10問解いてきた子どものよさ」はこうです。

20問の中から10問を選ぶときに子どもが何をしたかというと、おそらく自分の得意・不得意を振り分けたはずです。1問目から20問目まで問題を見て、簡単に解けそうなものと、手のかかりそうなものを見極めている。

その見極めをもとに、解く問題を選んでいるのです（そしておそらく苦手な10問を残す子どものほうが多いでしょう）。

つまり、子どもが解いた10問は、いわば子ども自身がつくった**「お医者さんのカルテ」**。**得意・不得意を分類したすばらしい一枚のプリント**なのです。

子どもの得意・不得意が表れている
“カルテ”のようなもの

一般に算数が苦手な子は何がわからないかが言えません。「わからなかったらわからないって言ってごらん」「わかんない」「どこが？」「それがわかんない」――本当にわからない子たちは、実は「何がわからないのか」もあいまいなままなのです。

一方で、できる問題とできない問題の境界線さえわかれば、できない問題をできるようにすればいいとわかりますから、自分で頑張るめあてもできるわけです。

このように、**自分の得意なことと苦手なことを分類すること、これも大切な勉強の仕方なのです。**

つまり、「この中から10問やってごらん」と言って実際に10問だけやることは、きちんと意味があるということです。そのことをわかった上で指示するなら、教師の投げかけ通りに動いた子どももほめることができます。

宿題の出し方でも、子どもについて少し考える時間をもつだけで、指示の仕方もその後の対応も変わってくるのです。

「苦手な問題は全体の2割」が頑張りたくなるコツ

前項のお話は、子どもの宿題へのモチベーションを高めるためのコツとして、保護者の方たちにもお伝えしたことがあります。

「20問中の10問を選んで行ったプリントというのは、得意な問題と不得意な問題が非常によく見えるプリントなのです」と説明して、「では、その翌日の計算練習で、これが何か役に立たないでしょうか？」と聞いてみました。

すると、保護者の方たちは「そうか、この解いていない10問をやらせればいいんですね」とニコニコされていました。おそらく、先生たちの中にもそのように考える方がいるかもしれません。

でも、この方法は本当にいいのでしょうか。

実は、ここでも一つ、子どものモチベーションを高めるために知っておくといい大切なポイントがあります。

宿題でも仕事でも、私たちは苦手なものずくめにされるとやる気が起こらなくなることがあります。おそらく読者のみなさんも経験があることでしょう（笑）。

では、**得意なほうから8問、苦手なものの中から2問、計10問を選んでみる**とどうでしょうか。これなら、100点満点として80点はできるわけです。

80点を毎回とれる子は、「残り2問さえできれば100点なのに」と思います。ちょっと頑張れば100点をとれると思えば、残り2問を集中してやるようになります。

一年生のたし算なら、7+6とか6+8などが苦手な場合が多いものです。7+6さえできたら100点だというゴールが見えれば、「7+6=13、7+6=13、7+6=13……」とくり返して覚えようとするでしょう。

この前向きに頑張っている姿を探してほめればいいのです。

さらに言えば、**苦手な中から選ぶ2問はいつも同じものに固定するといい**のです。

計算問題や漢字問題のプリントをつくるときには、子どもがどんな問題でも解けるようになってほしいと思って、問題にバリエーションをつけたくなるかもしれません。

でも、毎回問題が変わると、苦手な子どもたちは自分ができること・できないことの見極めがつかなくなってしまうのです。

つまり、**変化は少しだけでいい**ということ。

問題をほんの少しだけ変化させてくり返し解けば、子どもは次第に自分が何ができないかをしっかりと見極められるようになります。そして、できない問題を意識して集中的に頑張ろうとするでしょう。


宿題でも授業でも、子どものモチベーションが上がらない限りは何をやってもうまくいきません。

逆に、モチベーションを上げる仕掛けを少ししてあげれば、子どもは必ず苦手なことにもすすんで取り組もうとするものです。

子どもの二通りの動きにどう対応する？

「10問解いておいで」と言ったときに、15問やってきた子をほめたい、20問できる子を育てたい、その考え自体が間違っているというわけではありません。私自身もこれまで、教師の指示を超えて前のめりに動く子どもをほめることが多かったものです。
しかし、「先生の指示以上に取り組んだ子ども」だけをほめると、それ以外の子どもはしょんぼりとしてしまいます。このしょんぼりしている子どもたちのことを、私たち教師は見ていないことが多いのです。

人にも物事にも必ず「両極」があります。
子どもをほめるのなら、その裏には必ずほめられない子どもがいることを意識しておか

なければいけません。できなかった子のフォローもしっかりと考えておくのです。

私は、算数の授業の中で、「算数レポート」というものをやっています。授業の内容を子どもが一人ひとりスケッチブックにまとめていくものです。

クラスに来た先生が子どもの算数レポートを見て、「どうして全員がこんなに書けるのですか？」と質問されました。

このとき、私は最初は「画用紙の1/3しか書いてはいけないよ」とあえて少ない量を書くように指示したのだと伝えました。

「円の面積」の授業を終えて算数レポートを書こうというときのことです。

私は子どもたちに次のように言ってみました。

「昨日と今日、二時間分の内容を紙面にまとめるけれども、この1/3のスペースしか使ってはいけないよ。残りのスペースは、円の面積の続きの授業のためにとっておこう」。

そうしてレポートを書いていくと、スペースをはみ出してしまう子どもがいます。

「先生、ちょっとはみ出しちゃだめ？」「しょうがないな。ほんのちょっと、ここまでだぞ」とやりとりをして続けていると、またまたはみ出してしまいます。

「先生、半分いっちゃだめ？　私、2ページ目まで書くから」と子どもが提案するので、私は「じゃあ、ここまでだったらいいぞ」などと、あえて出し惜しみします（笑）。20問の計算問題を10問やればいいというのと同じことです。

このように、私が「それだけでいいよ」と言うと、子どもは絶対に続きをやりたいと言い出します。

最初から「一枚全部を埋めなさい」と言うと、うんざりするものです。

でも、こうして少しずつ進んでいくと、最後は小さな字でびっしり埋められた一枚のレポートが完成するのです。

こうしてみんながほめてくれるすごいレポートができあがります。

しかし、ここでも忘れてはいけないのは、きっちりと1/3だけ書いた子どもです。
1/3まで書いた子どもは、すごく計画的に収めたわけです。

本当はもっと書きたい内容があったかもしれないのに、次の授業のことを考えてスペースに収めるように頑張った。この姿もしっかりほめられていいのです。

びっしり!
計画的!
どちらもほめていい！
good
good

私は算数レポートを画用紙などではなくスケッチブックに書かせていますが、それはこのような子どもたちの動きを考慮してのことです。

スケッチブックなら、増えたらどんどん書いていっても構いませんし、1枚にきれいに収めたいならそれでもいい。使い方の自由度が増すので、子どもの動き方に合わせて対応できるというわけです。

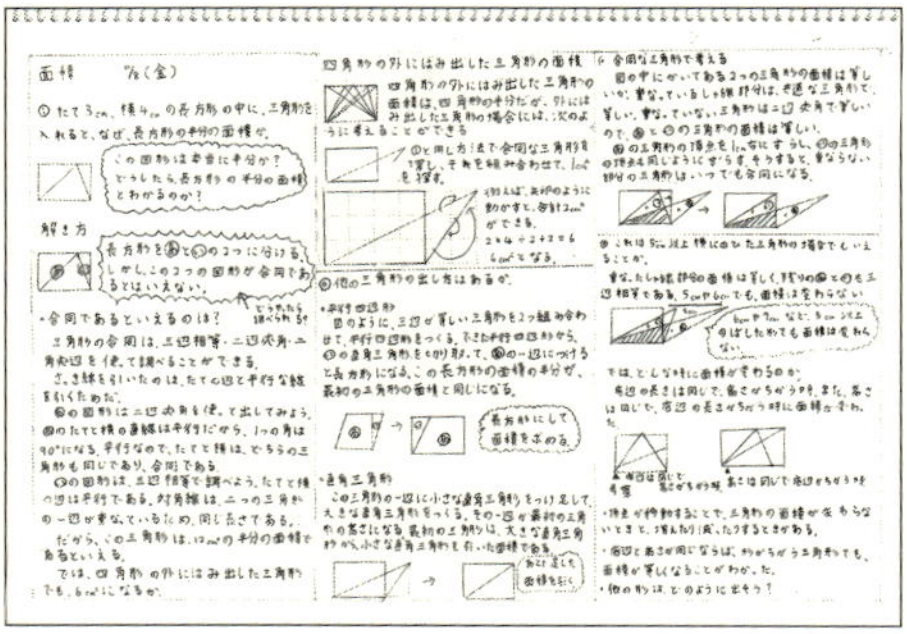

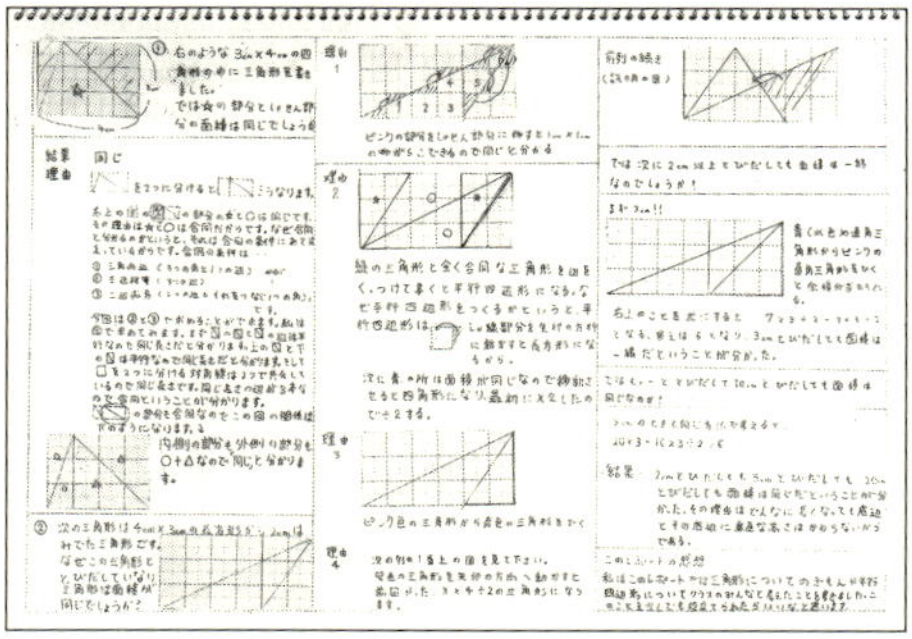

最初に「$\frac{1}{3}$まで」と指示して完成した算数レポート

いったん最後まで自分の力でやり切る

子どもたちが書いた算数レポートを、私は教室の廊下に展示しています。

それを見た他の先生から「全員がこんなレベルで書けるなんてすごいですね」とほめてもらっています。

でも実は、最初からクラス全員がきれいに書けるというわけではありません。レポートの内容以前に紙面を埋めることが難しい子どももいます。

では、どうしたら書けない子どもを書けるようにできるのでしょうか。

そのための一つ目の手立てが「最初は1/3だけでいい」と指示することでした。しかし、それだけではすぐに全員が変身できるわけではありません。

授業が終わって「仕上がった」と言っている子どもたちの初期の段階のことです。算数レポートを展示するとき、まだこの段階だと完成とはいえないなあと思う子どものものは私はあえて展示せず、端に寄せて重ねておきました。

すると、重なっているスケッチブックの持ち主が「先生、なんでこれ重ねてあるの?」と聞いてきました。

私が「うん、まだ途中だからね」と告げると、本人は「えっ」と驚き顔。

どうやら本人は終わったつもり……。

数秒間、自分のレポートと友達のレポートを見比べて「先生、僕のレポートは空いているところがありますよね」と自分で気づき、「でも何を書いたらいいのか、わからないんですけど……」と言うからかわいいものです(笑)。

そこで私は言いました。

「きみがレポートに書いている話はこれとこれとこれだよね。それ以外のお話を書いている子がここにいないか見て回りなさい。勉強はまねていいんだ。『まなぶ』というのは、『まねぶ』からきているのだから、読んで『これいただき』と思うのを自分のレポートに入れてもいいんだよ。そのために、みんなのレポートを展示しているのだからね」。

子どもが書いた算数レポート

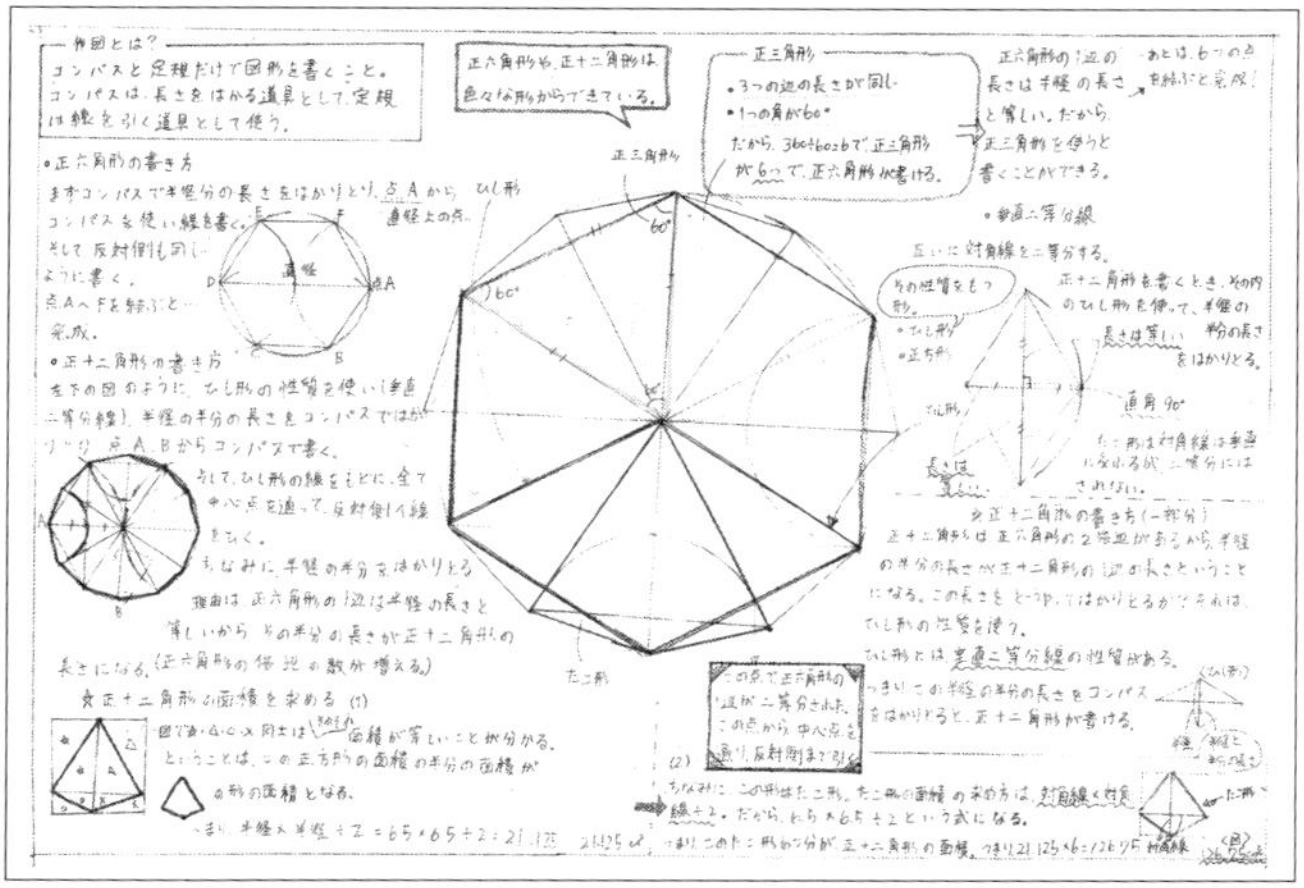

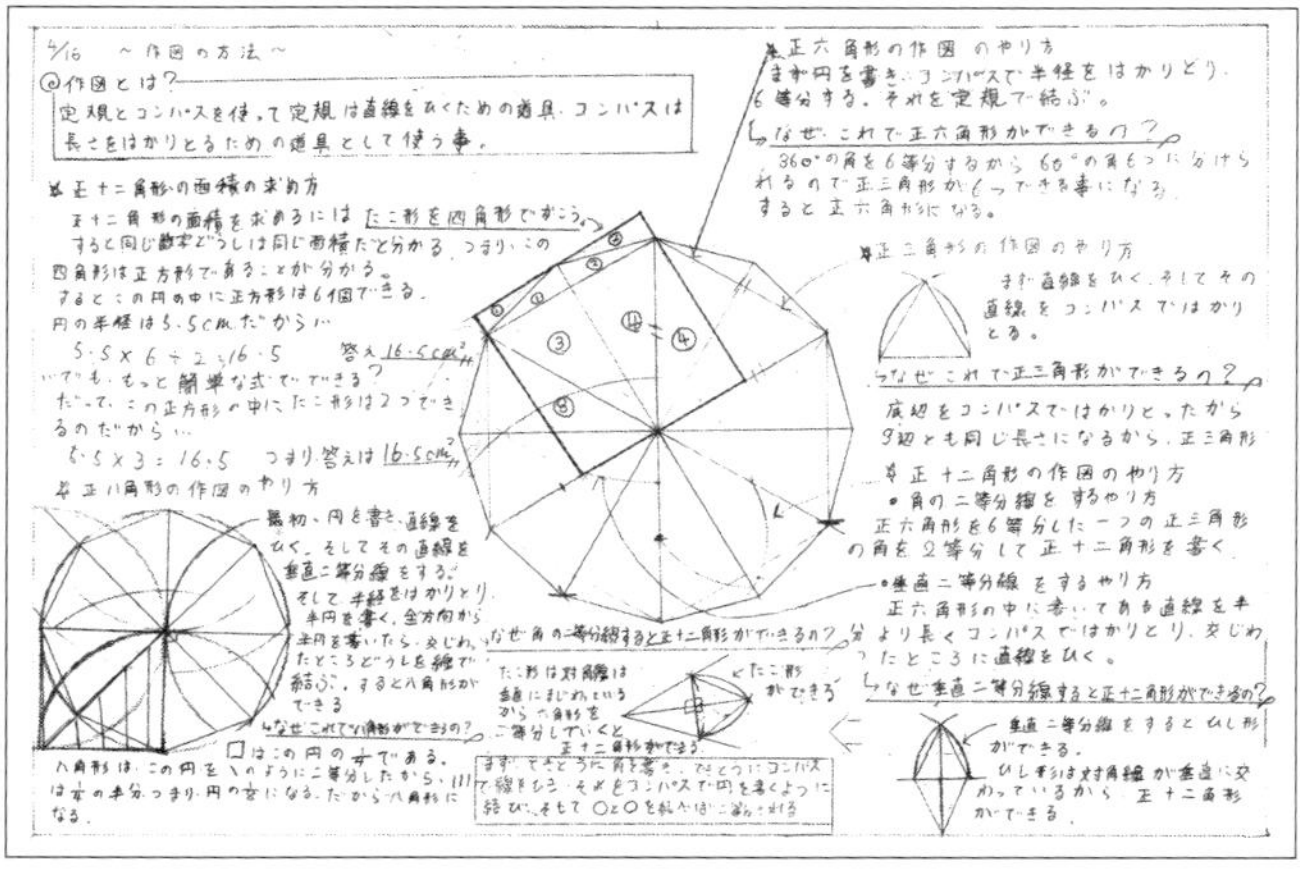

正十二角形の作図の算数レポート。
コンパスと定規だけで正十二角形を作図する。

するとその男の子は休み時間に他の子のレポートを見て回り、ヒントを見つけたのかニコッと笑って自分のレポートを書きたしていました（笑）。

これは、算数レポートだけでなく授業中のノートづくりでも同じことで、私は苦手な子どもたちには「ときには教科書をノートに写すのでもいい」と言っています。

レポートやノートを書けない子どもは、一度、最後まで書き切ってみる体験をするということもまず重要なことなのです。

ですから、遅れがちな子には「まねてもいいからきれいに書く」ことをまず教えて、いったん達成感を味わわせます。

もちろん、その前に自分なりに苦労して書く体験をさせてからですが……。

ノート指導では「5ページ目まで」目を離さない

ノート指導をするときは「5ページ目まで」が鍵になります。

最初の1ページ目から5ページ目までを、子どもたちが続けてきれいに書くことができるかどうかで、そのノート全体の出来栄えが決まると思っています。

新しいノートを買ったとき、誰もが1ページ目はきれいに書こうと思って頑張るでしょう。その状態を、2ページ目、3ページ目、4ページ目、そして5ページ目まで続けさせるようにします。その間は教師が絶対に目を離さないことです。

ノートの表紙をめくると1ページ目があり、それをめくると2・3ページ目の見開き、さらにめくって4・5ページ目の見開きがあります。

つまり、5ページ目までというのは見開き2回。ここまでが勝負です。

5ページ目まで子どもが頑張ったら、まずはそれを教師がほめます。この段階で私たちがほめることは絶対に必要で、さらにはここで保護者にも協力してもらうといいのです。子どもがノートをめくりながら保護者に見せて、「確かに今年は違うわね」などとほめてもらえば、継続してノートをきれいに書こうという動機づけになるでしょう。

実は、この**「ぺらぺらとめくってみる」感覚こそが大切**です。

最初の1ページ目だけでは、子ども自身が「できる」という実感をもつための土台としては心もとないものです。保護者も「まあ、頑張ったわね」としか言えないでしょう。

一方、5ページ目までをぺらぺらとめくってみると、子どもはこの後も続けられそうな気がしてきます。1ページ目だけではだめで、5ページ目まで頑張らせたほうがいいというのはそこなのです。

重たいトロッコは動き出すと惰性がつきます。一度、惰性がついてしまえば、そこから動き続けることは最初に動き出すことほど難しくありません。子どもは6ページ目以降もきれいに書こうと頑張るはずです。

今、私は二年生の子どものノートをそうして育てていますが、みんなピカピカのきれいなノートができてきています。最初にしっかり頑張らせることで、子どものノートは見違える

5ページ目まで
頑張れば
その後のノートも
きれいになる！
1ページ
notebook
ぺらぺら
5ページ

ものなのです。

ノートづくりが苦手な子のための指導のコツは、やはり「写す」のも許すことです。

特に、一、二年生の段階で「写す」ことの効果は大きいものです。「この部分にこれを写してごらん」と指導すれば、どんな子どもでもできるのです。

さらに言えば、新しいノートを使う最初の授業では、子どもがノートをとりやすい教材にするといいでしょう。低学年では、自分で考えて書く分量が多いものはまだ難しいので、「大きな数」や「決まり発見」などノートに書きやすくて見栄えもいい教材から入っていくようにします。

そもそも、実は教科書もそういうことを考慮してつくられています。低学年では文字も大きく字数も少ないので、最初はそれを写すだけでもいいのです。

国語で全文視写をするように、算数でも写す活動を取り入れていくと、書くときの筆圧を高めることなど、学びの土台となることがそこにはたくさんあります。

算数というと、すぐに計算というイメージかもしれませんが、ノートづくりという点から見ても、初期には写す活動も取り入れてみるといいですね。

「困った状況に置かれた後」のすごい集中力

何かを頑張るための原動力は、「必要感」や「やりたい」という気持ちです。

つまり、**子どもを頑張らせたいなら、その子どもに「いかに必要感をもたせるか」を考えることが先**なのです。

私が漢字テストなどでよくやる方法はこうです。

漢字テストを配ると、それを見て「ああ……」とため息をついている子どもがいる――覚えていない漢字が出題されているわけです。

私が「今から先生はトイレに行ってくるけど、５分間、見直しタイムがほしい人はいる？」と聞くと、子どもたちは「はいはいはいはい」と必死の形相。

そこで私が教室を出て、5分間の見直しタイムをとってみると……そのときの子どもたちの集中力はすさまじいものです。わからない漢字を辞書や教科書などで探して、必死で覚えている。

つまり、**一度困った状況に置かれると、子どもたちはその反動で必死になる**のです。

漢字テストといっても、その目的は漢字を覚えさせることでしょう。

ならば、点数よりも、こうしてきちんと漢字を覚える時間をとったほうが効果は大きいはずです。

ただし、このときも見直しタイムに見直さないで取り組んだ子には、テストの端に自分で印をつけさせたりして区別してあげることも大切です。せっかく事前に用意してきた子どもの達成感がなくなってしまうからです。

これは授業中の話し合いなどでも同じことで、**子どもに必要感をもたせるためにはゴールは必ず「一人の活動」を設定すること**です。

最後は自分一人でノートに書くという状況をつくれば、子どもは話の内容を自分の頭で理解しなければいけないという必要感が生まれるので、ただ友達の話を聞いているだけという子どもはいなくなるでしょう。

さらに、話し合いの途中でも、困るような状況をあえてつくるといいのです。たとえば、グループに分かれて話し合いをした後、一人の話を全体で取り上げて、「今の話、よくわかった？」と聞くと、子どもたちは「はい」とにっこり。「では、みんな一人ずつになりなさい。ノートに今のことを書いてごらん」と言った途端に、子どもたちの表情は一転、「どうしよう」と困り始めます（笑）。

そこで、「今、もう一回友達と話せたらいいなと思っている人？」と聞いて、もう少し時間をあげると、そのときは先ほどよりもずっと話し合いの密度が濃くなることでしょう。

自分で解きたいという「気持ち」を育てる

問題解決の授業でまず大切なことは、「子どもが自分で問題を解こうとする気持ち」「自分で解くことを楽しむ気持ち」を育てるということです。

そのためには、教師からの働きかけはもちろんですが、子どもたち同士で教え合う姿勢そのものを育てることも実はとても大切なことなのです。

みんなで算数の問題を解いて、先にできた子どもがすぐに解法を発表してしまえば、それを聞いている友達は自分で解く楽しみがなくなってしまうでしょう。

そこで、わかった人は発表するとき、最初の段階では一から十までのすべてを話さないという約束にします。

自分がわかったことの楽しさを相手にも味わわせてあげる――「解法の発表」ではなく**「解くことのおもしろさを伝える」ことを目的に発表してもらう**のです。

クラスの中に問題を解決できている子どもが1人いるとします。

その時点でその子が前に出て発表するのは、「僕は最初にこれをしてみたんだ」ということまででストップします。

ゆくゆくは発表する子どもが自分でストップできるようになるといいのですが、最初はその加減がわからないので教師が「ストップ」をかけます。

そして、発表を聞いた子どもたちは、その発表をヒントに自分で考えていくという流れです。

つまり、**1人のきっかけを共有することで、残りをみんなで楽しむ**ということ。

相手に自分と同じ楽しさを味わわせようという気持ちが子どもの中で育てば、教え合いの質も高まるというわけです。

この「ストップ」のタイミングは、手品をイメージしてみるとわかりやすいでしょう。

手品では、コインなどを見せておいて「何をすると思う?」と観客の反応を見ながら進めます。子どもたちの発表も同じで、「ここに線を引くと?」などとコミュニケーションをとりながら、聞き手がなんとか自分で解決しようとする気持ちを育てていきます。

このような考えをもとに、子どもたちに算数の問題づくりをさせたこともあります。画用紙の表には子どもが考えた問題、裏には解法のためのヒントを書きます。裏面のヒントは三段階で3つに分けておき、それぞれに隠すための紙を貼っておきます。

子どもたちはお互いが紹介したいと思った問題を画用紙で提示して解き合います。わからなければまずは第1ヒントをぺらっとめくってみます。

それでもわからなければ、第2ヒントを開けてみます。

第3ヒントを隠している紙には「これがわかればもうわかる‼」と書いてあり、これを開けると自分で考えることがなくなってしまうという段階——こんなやりとりを楽しむ気持ちがクラスに浸透すれば、教え合う姿勢も育っていきます。

子どもたちがつくったカード

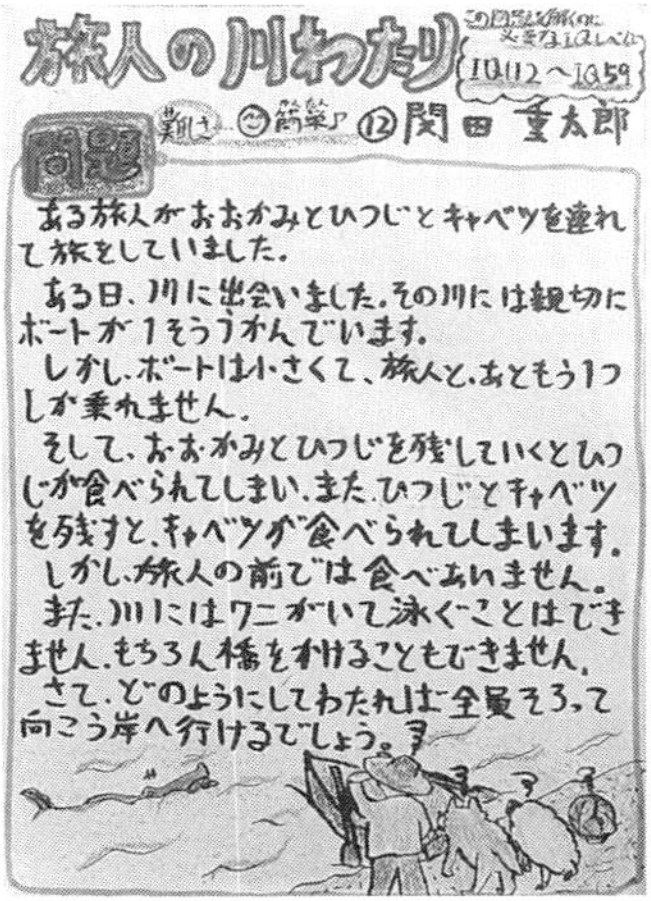

①表面には問題

②裏面にはヒントと解答

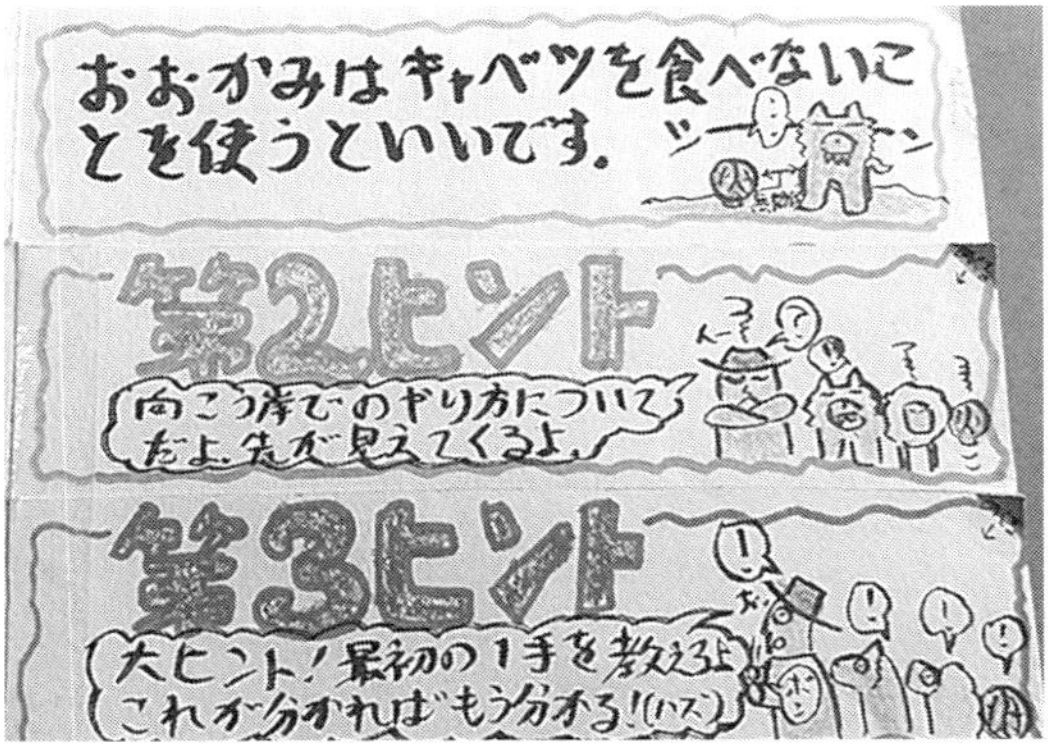

③ヒントを１つずつめくっていくと…

一度、達成感を味わった子どもは……

問題が20問あったとき、10問を子どもに自分で選ばせるというお話を書きました。これは、子どものモチベーションを上げる一つの方法です。

この逆パターンで、実は子どもは**「しらみつぶしにやる」**ことにも熱中するものです。数字や文字で紙面をびっしり埋めたときの達成感が気持ちいいからでしょう。

ある算数の授業でのこと。

ふと思いたって、二年生の子どもたちに言いました。

「計算問題をやった後は、答え合わせのための解答が必要でしょう。そこで、『計算の辞書』をつくってみるというのはどうかな？　そのノートを開ければすべての計算の答えが書いてある。一冊もっていれば、もう解答なんて必要なくなるよね」。

半分は私のいたずら心だったのですが、数名の子どもはすっかりその気になってしまいました（笑）。授業で2桁＋2桁のたし算をやっていたときだったので、10+10から順番に10+11、10+12……とノートに書き始めています。

やがて2ページの見開きが式で埋めつくされると、とても見栄えがいいのです。「私のノートきれい」「先生、今、10+18までいったよ」と喜んでいる子どもたちに、私が「今日はそのぐらいでいいよ」と言っても、「もう1ページやっていい？」と鉛筆を置いてはくれません。

それほどに子どもたちは「2桁の辞書づくり」に没頭していました。

その後、土日を使ってノートを一冊まるまる「2桁＋2桁の辞書」として仕上げてきた子どももいたほどです。

さて、このノート辞書を見たある保護者の方から「先生、この計算には、はたして意味があるのでしょうか」と質問されたことがありますが（笑）、私はちゃんと意味があると思っています。

ノート辞書をつくることは、何よりもまず、ノートをきれいに書く練習になります。同じ計算問題をノートに書く場合でも、その問題自体が難しければ、計算のほうに気をとられてしまうでしょう。

一方、この辞書づくりなら、実は答えは順に増えていくだけなので計算を考えるストレスはかかりません（でも子どもの中には最初は気づかない子もいますが……）。**文字を丁寧に書いたり、定規をうまく使ったり、行間を考えたりなど、いかにノートをきれいに書くかに集中できます。**

筆圧を高める、根気をつける、見通しを持ってノートをきれいにつくる、といった学習の土台となる体力をつくる効果も大きいのです。

特に低学年のうちに根気強く集中して何かに取り組む力をつけておくことは、後々、大切な力となってきます。

私は低学年から必ず定規を使って筆算を書かせるようにしていますが、ノート辞書づくりの甲斐もあって、子どもたちは二年生でもとてもきれいにすばやく線を引くことができるようになっています。

一日一つ、子どもが自分で質問を考える

三年前のこと、算数を教えてほしいと言って、毎日私を訪ねてくる子どもがいました。当時六年生だったその女の子は、私が算数を教えていたクラスの子ではありませんでしたが、お昼休みになると決まってそうっと「博史先生、いる?」とやってきました。

聞けば、彼女がまだ幼稚園生だった頃、私が出演していたNHKの番組を見ていたそうで、この学校に入ったらどうしても私に算数を習いたいと思っていたと言うのです。

担当のクラスではなかったので最初は私も気が引けたのですが、卒業前だし特別にと言って「今日も一問ね」とその子からの質問を聞いていました。毎日一問ずつ「今日はこれね」と遊びのように算数をやっていたのです。

その子は本当に算数が苦手な子で、最初は質問の内容もとんちんかんだったので、話を

聞きながら私も苦労していました。でも、次第に尋ねてくる内容がシャープになり、私とのやりとりでもパッと気がつくことが増えるようになりました。先日、中学校三年生になっているその子に会いましたが、今はなんと数学の成績が学年トップなのだそうです。

この話を今のクラスでしたところ、「算数が苦手」という子どもたち数名が目覚めました（笑）。お昼休みになると、とっかえひっかえ「博史先生！」とやってきて一緒に算数をやって遊んでいます（半分は私のところに遊びにくるのも目的のようですが……笑）。

教えてほしい内容については、子どもが自分で考えて私に質問します。これが実は大切なことで、**「質問を探す」ということ自体がとても頭を使うこと**なのです。

子どもが質問してきたことについて私と友達と二、三人で対話をするわけですが、私は絶対に解き方を教えません。それこそ授業のようにやっているので、一つの問題に三日ぐらいかかることもあります。それでも私は「この問題だけは、帰宅しても、お父さんやお母さんに相談してはいけないよ。解答も絶対に見ないで、ともかく自分でゴールまでいってみよう」と念を押しています。

質問しにくるうちの一人に、将来は弁護士になりたいと言っている子どもがいました。その子が一つの問題に何日も取り組んでいる様子を見て、私は言いました。

「将来は弁護士さんになりたいんだろう。弁護士さんや刑事さんが事件を解決するのに一日で済むなんてことはないよね。『名探偵コナン』だってお話の間、ずっと謎解きをやっているでしょう。だから、この一つの問題を解決するのに何日かかってもいい。問題によっては迷宮入りというのだってあるのだから、これは変だと思ったらとりあえず今日はそこで終わってもいいんだよ。途中で休んでもいいから、とにかく最後まで自分の力で解決してみよう」。

こうしてお昼休みに質問をしにくる数名の子どもたちが、最近は授業でとても鋭い発言をするようになってきました。以前はすすんで発表することがほとんどありませんでしたが、今は自分からどんどん手を挙げています。

一日一つ、自分で質問を探してみることは、与えられた宿題をこなすことよりも子どもを大きく成長させるものなのかもしれません。

第2章
だから、子どもが動きたくなる
――「クラス」が変わる

授業中の子どもは、どんな気持ち？

ある研究会で、先生たちを前に講演をしたときのことです。

それは教育委員会主催の研究会ということもあり、会場はピリリとした緊張感に包まれていました。

私はステージに上がると、ご挨拶もそこそこに話を始めました。

「ちょっとみなさん表情が固いし、今日はみなさんに授業中の子どもの気持ちも味わってもらいたいので、会場のみなさんと仲よくなって一つのクラスになりましょう。では、まずは右隣の人とご挨拶をしましょう。はい、どうぞ」と言った途端、会場の先生が全員そろって右を向きました。

みなさんの目の前にあるのは、隣の人の後頭部——先生たちは大爆笑です。

「まあ、私も言い方が悪かったのですが、全員が右を向いたら隣の人の顔は見えないですね。でも、みなさん素直ですね。では、やり直しましょうか」と言ってから「同じことをやったらつまらないので、前後の人と仲よくなりますか？　はい、どうぞ」。

今度は多くの先生が後ろを向きましたが、なかには列を数えて考えた先生がいました。その先生を見つけて「さすが、今度はきちんと考えましたね」と声をかけ、「こうやって子どもが変化するときを見つけてほめることが大切なのです」と伝えました。

さらに話を続けます。

「やっぱり前後ではなくお隣に戻しましょう。左右どちらかの人と仲よくなりましょう」と言うと、会場の先生は「すみません。どちらか決めてください」。

「それも難しいご要望ですね。私が左と言ったらみなさん左を向いてしまうし、右と言ったらみなさん右だし」などとやりとりをして笑いに包まれていきました。すると、会場の緊張も確実にほぐれていきました。

先生たちの表情も和《やわ》らいできたところで、「よし、それではここで仲間づくりをしましょう」と提案をしました。

「実は今、誰とも挨拶ができなかった人がいるでしょう。周りにそういう人がいたことに気づいていた人もいるはずですが、まだ知らない人だから声をかけにくいなと思ったでしょう。実は教室の中でグループづくりをすると、同じようなことが起こるのです。子どもも『この子は仲間に入っていないな』というのに気づいていても、自分はグループに入れたからいいやと思ってそこだけで話を進めてしまう。先生たちの仲間づくりも同じです。周りを見回して『今、お一人ですか』などと少し声をかけるだけで違いますよね」。

このように告げてから「では最初からもう一度やりましょう」と私はいったん壇上に戻り、「みなさん、こんにちは。田中です」とやり直しました。

「今日はみなさんは私の生徒なので、仲よくなりたいと思うのです。前後左右、仲よしを増やしましょう」。

すると、先生たちは一斉に動き出しました。一人になっている人はいないか、周りにもきちんと目を配り、会場にはとても温かい雰囲気が生まれました。

こうして二時間の講演時間のうちの三十分ほどを費やしたわけですが、実はこうした時間の大切さは日々の授業でも同じです。

子どもたちが緊張していたり、固くなっていたりすれば、勉強の内容もしみ込んでいきません。

まずは**子どもたちが素直に授業に向かえる下地づくりをすることが先**なのです。

それが日々の学級づくりだということはよく知られていますが、授業中に行うこのようなグループづくりの活動でもちゃんと子どもを育てることができるのです。

まずは、クラスの雰囲気をほぐすことから

「子どもが授業でなかなか発言してくれません」という先生たちの悩みをよく聞きます。

前項でも書いたように、これは子どもたちの話す力の問題というよりも、**話すための「場の設定」を工夫する**ことが突破口となる場合も多いものです。

授業で話をさせようとしても、それが勉強の内容であれば勉強がわからないと話せません。それ以前に、隣の友達と仲よくなければ口を開くこと自体が難しいでしょう。

もっと言うと、今、話したい気分ではないから話せないこともある……一口に「話し合いがうまくいかない」といっても、その背景にはいろいろとあるわけです。

話すための「場」をつくる

ですから、まずは、話し合いができる「場」をつくること。

その下地づくりとして、学級開きの頃は、授業の最初に十五分ほどちょっとした遊びやゲームを組み込むことがあります（131ページ〜136ページで紹介しているような活動です）。

私が最初にルールを説明して、まずはみんなで遊んでみます。すると、なかにはきちんとルールを理解できていない子どももいるでしょう。

そこで「ちょっとストップ」といったん止めてから「今、お友達はどうだった？」と尋ねると、「先生、〇〇君ね、ルール守らないよ」という声が上がります。

私は「〇〇君がルールを守らなかったと言うけれど、もしかしたらルールがよく伝わっていないのかもしれないよ。今わかったと思っている人も正しいかどうかあやしいぞ。今から4人組をつくって今日のルールを確認してみようか」と子どもたちに戻します。

4人組で確認してみて4人ともバラバラだったとしたら、それは教師の説明がよくないということなので、「ごめんね、もう一回、説明し直すからね」と教師が引きとります。

そして、先ほどの４人組とは違うメンバーで３人組をつくってもう一度確かめ合い、そのグループで確認がとれたら、２人組にチェンジ――（なぜ人数を変えるのか、その理由は次項で）。

このようなやり方なら勉強の内容には関係ないので、**話し合いをするための「態度」や「場」そのものを育てることに集中して向き合うことができる**でしょう。

話し合いは4人組からスタートする

前項の要領で十五分くらいゲームをしたら授業に入ります。

この日の授業は、「48÷3」のわり算。

「48個のアメを3人で分けるんだから、アメが手元にあれば誰でも答えが出せるよね？」

と聞くと、子どもたちは「出せる、出せる」。

「ではアメを買ってこないで、答えはこうすれば出せるよというのを、今からまず1人で考えよう」と考えさせました。

しばらくしたら「はい、今から先ほどのゲームでやったように4人組をつくるよ。4人組の中でじゃんけんをして、勝った人から順番に私はこうするよとお話をしよう」。

４人組で話し合ったら、いったんグループを解散し、今度は別の３人組をつくります。

このとき、４人組のときとは説明の仕方を変える子どもがいます。４人組で他の子どもが説明した方法でなるほどと思ったものを取り入れて、話し方を工夫しているわけです。

そのような姿を見たら、すかさずほめます。「自分の思っていたことよりこれがいいと思って工夫したんだね。あなたはきちんと友達の話を聞いたということだね」。

次に２人組で話して、最後は１人。

「これまで友達と話してきたことの中で、これがいいなと思ったものをノートに書こう。先生はそのノートを全部読むから、明日の授業はその発表からだな」とこの日の授業を終えました。

翌日、「気をつけ、礼」の合図が終わるか終わらないかのうちに、クラス中の子どもの手が挙がりました。ノートを手に「私が最初に言いたい！」と必死になっています。

このような子どもたちの姿勢も、自分がきちんと説明できるという自信があるからこそのものです。

4人、3人、……とステップを踏んでくり返し練習する、そのくり返しの中で自分の説明が上手になっていくことを子ども自身も実感するので、説明に苦手意識のある子も自信がもてるのです。

最近、いろいろなところで授業を参観すると、「じゃあお隣同士で話をしよう」とペア学習をする姿をよく見ますが、**2人で話すということは、「2人のうちのどちらかが活動の意図がわかっている」という前提があってこそ成り立つもの**です。

たとえば、**教師の問いかけをちゃんと聞いているかということでさえ、なかなか全員には伝わっていないことも多い**ものです。問いかけの答えが的を射たものかどうかということになると、もっと確率は低くなるでしょう。

そのため、最初から2人組にしたのでは、両者とも話題についていけないことも多いのです。

最初は4人組くらいでやってみましょう。4人なら、4人全員が話を聞いていないということは少ないですし、仮に4人がぽかんと顔を見合わせているようなら、それはまだグループ活動に入る段階ではないということ。もう一度全体に戻すことが必要です。

こうして子どもの状況をその都度チェックするのも、実は大切な評価の場面なのです。

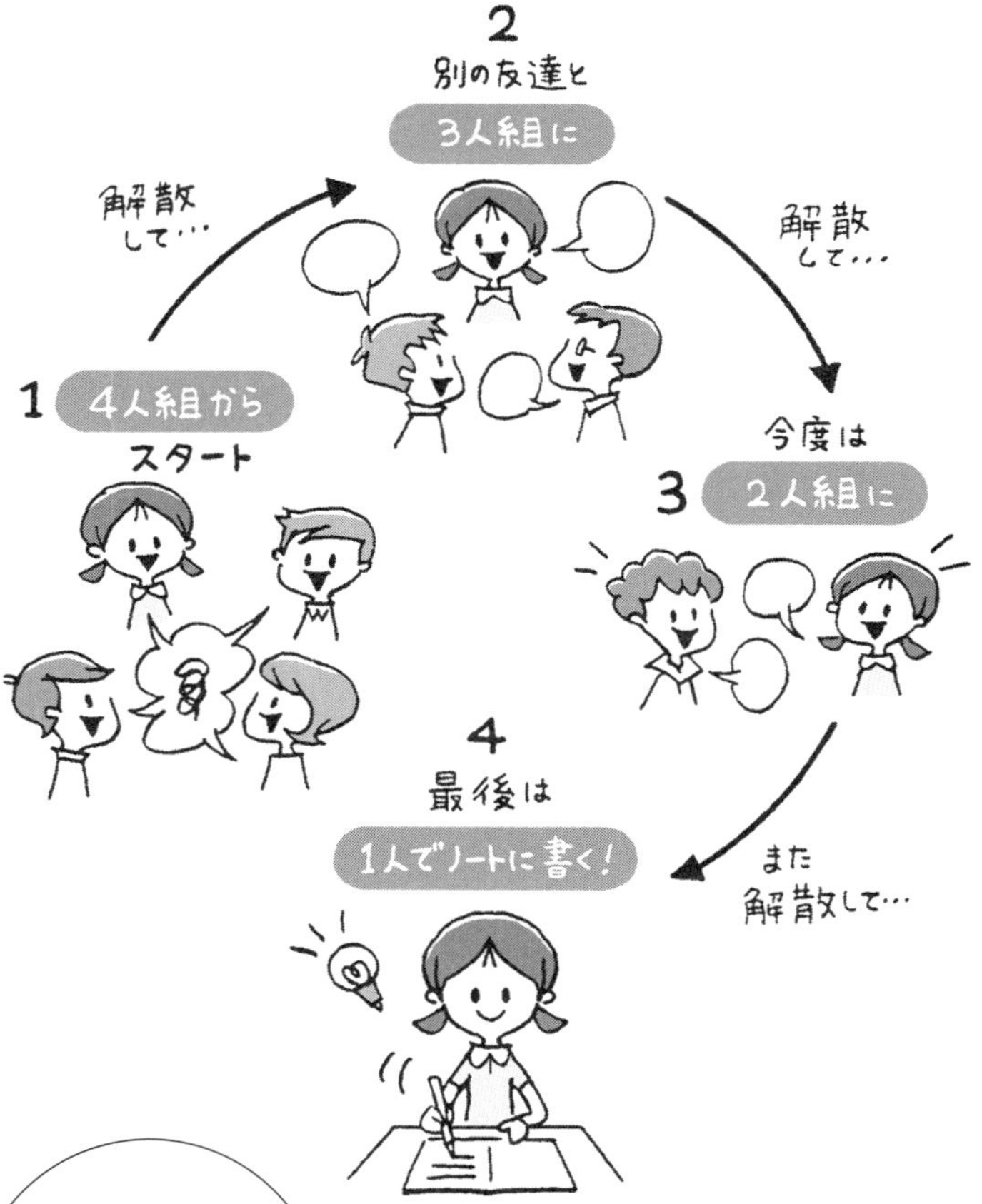

グループを
変えて
説明をくり返す

発表者を1人に限定する必要はない

4人→3人→2人と人数を変えながら話し合いを進めて、授業は後半戦。「発表できる人？」と聞いて8人の手が挙がったとします。

グループでの説明練習をくり返し、8人全員が同じようなことを発表できると思うレベルにきていたら、「今、手を挙げている子、全員に発表してもらおう」と言って「一斉発表」をさせてみることがあります。挙手している8人の周りに他の子どもが集まって、それぞれの発表を同時に聞くわけです。

そのとき、「8人にいっぺんにお話ししてもらおう。8人のところにみんな散らばっていきなさい」と言うと、大勢が集まる発表者と、１～２人しか集まらない発表者に分かれてしまうでしょう。人が集まらない子どもは「私って人気ないんだ」と発表のモチベーションも下がってしまいます。

最初は人数に偏りが出てしまったのを見て、私は子どもたちに「これだと話すほうも気持ちが盛り上がらないね。こっち側に移ってもいいっていう人はいない？」と聞いていました。

このような小さな働きかけをくり返していると、子どもたちは周りの様子もきちんと見ながら「だいたい同じくらいに分かれよう」と学んでくれました。

でも、やはり自分のところにあまり人が集まらないことも感じさせたくはないので、発表者の周りに子どもたちが移動するときに、発表者のモチベーションが下がらないように子どもたちが動いてくれるような工夫もしています。

発表すると決めた８人が手を挙げて立ち、座っている残りの30人くらいがその周りに散らばるとすると、１人の発表者には聞き手が３～４人という計算になります。ですから、手を挙げている発表者は４人来たら手を下ろすというルールにします。

初期の頃は、子どもたちが移動するときに、たとえば教室の右側から順に**「はい、1グループ」「はい、2グループ」……と少しずつ移動させていく**という指示もしてみました。

こうすれば、満員になった場所はみんながわかるので人数が分かれやすくなるからです。

ところが、そのように進めていくと、今度は誰の周りに聞き手が集まらないのかも見えてしまいます。ここでも配慮してあげなければいけないことがたくさんあることがわかりました。

そこで、1グループ、2グループとやって、どの子のところにも聞き手がある程度集まったら、「はい、3グループ、4グループ、5グループ……」と一気に加速して子どもたちを移動させてしまいます。これで注目度が消えるというわけです。

私もこうして試行錯誤をして取り組んでいるのです。

「一斉発表」のコツとしてもう一つつけ加えれば、「今日、この時間に3人の話を聞くよ」と前置きをしてから、「じゃあ最初にどこへ行くか決めなさい」と指示するという方法もあります。

自分が話を聞こうと思う発表者を選ぶとき、その場所に長くいるのだと思うと、子どもたちはやはり仲のいい友達のところに行きたくなります。

一方、複数の友達の話を聞くことがあらかじめわかっていれば、１人や２人ぐらい普段あまり交流のない友達のところに行ってもいいと思えるものです。

「今日は○人」とあらかじめ複数聞くのだと伝えておくことで、子どもたちにも友達への思いやりと、人数のバランスを見て動く余裕も生まれるのではないでしょうか。

「物理的な距離」が子どもに与えるこんな影響

黒板と子どもとの距離、子どもの座席同士の距離――**「物理的な距離」**が子どもたちに与える影響も小さくありません。

たとえば、黒板と子どもとの距離が空いていると、子どもは前に出ていくのに勇気がいるので発表しづらくなります。ですから、私が研究会などに呼ばれて新しく出会う子どもたちと授業をする、いわゆる〝飛び込み授業〟のときに、あまり元気のないクラスでは黒板と座席の距離を近づけるようにしています。

一人ずつの座席と座席の間隔も同じです。**子どもを静かにさせたかったら、一人ずつ席を離して並べればいい**のです。高校、大学で席を一人ひとり離しているのは、一人で考えさせるという目的以外に私語をさせないようにという理由もあります。

逆に、**授業中にもっと話をさせたかったら、座席を近づけてあげればいい**のです。子どもは隣の人との距離が近いほうが安心するからです。

私は山口県でたった７人のクラスを担任していたことがあります。

そのときは、教室を広く使うために右下の図のように子どもたちを点々と座らせていました。

地方の学校で人数の少ないクラスでは、私のように教室をいっぱいに使おうとするので、子どもたち一人ひとりを離して座らせることが多いものです。私自身、最初は７人のクラスでそのようにしていました。でも、この座席だと話しにくいので、とても静かになってしまいます。

あまりに発言が少ないので話し合いがしやすいようにと思って、左下の図のように、ときには一つずつ間を空けて

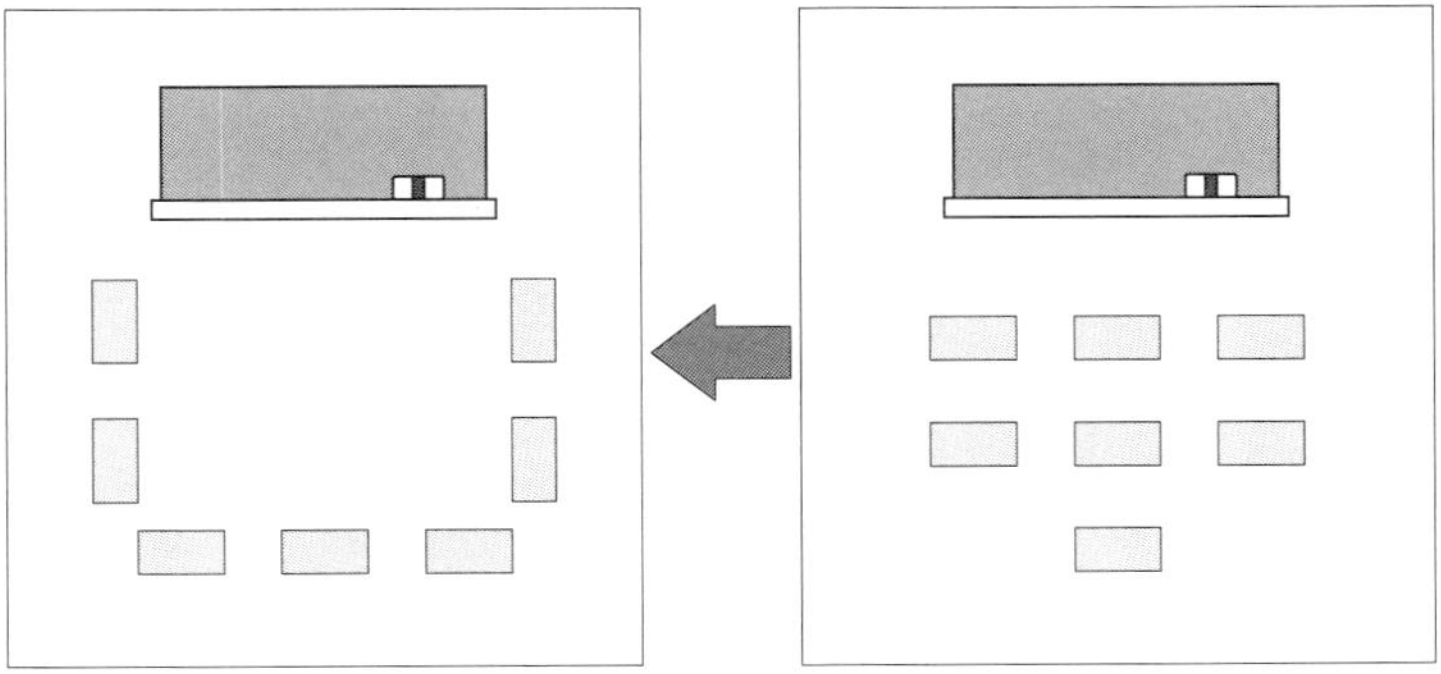

机を並べてコの字形にしてみたこともあります。それでも子どもたちの発言は増えず、授業は盛り上がりませんでした。

「なぜだろう?」と思った私は、あるとき試しに、コの字形の内側のスペースに子どもたちを座らせて授業をしてみました。

すると、途端に子どもたちはにぎやかに動き始めたのです。

これは、私の予想以上に大きな変化でした。

実は、以前、私が出演していたNHKのテレビ番組「かんじるさんすう1・2・3」でも、この経験をもとに教室環境をつくっていました。

部屋の真ん中にじゅうたんを敷いてその上に子どもたちを座らせて、その周りにテーブルを並べる。そんな環境をつくってみました。

撮影では、テレビカメラが何台も回っていますし、照明も明るいので、子どもたちは普段よりもずっと緊張します。

ですから、緊張しているなと思ったら真ん中に集めて座らせて和ませておき、落ち着いてきたら周りに並べた椅子に座らせるなど、できるだけ子どもがリラックスできるように

シーン…
子ども同士の距離が近づくと…
ワイワイ

しました。ホワイトボードも子どもたちのそばに置き、子どもがみんなの前に出やすいようにしておきました。

つまり、**教室環境では、物理的な距離が授業の雰囲気や子どもたちの関係づくりにも影響を与える**ということ。

小さな工夫で、クラスの雰囲気がガラリと変わることもあるものです。

４人の班の机の並べ方
――安心感があって黒板も見やすいT字型

班をつくるときの机のつけ方も、73ページのような形にしてみるといろいろなよさがあります。**奇数列だけが机を90度回転させてT字型の４人グループをつくる**方法です。

この形にしてグループで話し合いをすると、お互いの顔が見えやすいので話し合いが盛り上がります。体の距離が近く安心感があるので、子ども同士もサポートしやすくなります。

また、話し合いの途中で黒板のほうを向いたときに、黒板が見えやすいというメリットもあります。

通常の４人グループでみんなが黒板のほうを向くと、前の子どもの頭が後ろの子どもの視線を邪魔して「ちょっとどいて」となってしまいますが、このT字型なら前後の子どもの視線がずれるので、みんなが黒板を見やすいのです。

そして、このT字型は、**移動がラクにできる**というよさもあります。普通、子どもたちに座席を移動させようとすると、みんなが一気に動かそうとするので、「その班、もうちょっと前に寄って」などといった状況が生まれてしまうでしょう。でも、このT字型なら、偶数列が動かないので、どこかの間隔が狭くなったりするということがありません。

話し合いといえば「コの字型」に並べるのをよく見ますが、端と端の子どもの距離が開いてしまって子どもが寂しく感じるときもありますし、後ろのほうにいる子どもの参加意識がなくなってしまう光景も見ます。

一つの方法にこだわらず、いろいろな方法を試してみるといいでしょう。

机の並び方を考えるときというのは、教師と子どもが対峙するような位置関係をイメージしますが、このT字型のように子ども同士の視線が交わるような並び方にすると、急ににぎやかになることもあるのです。

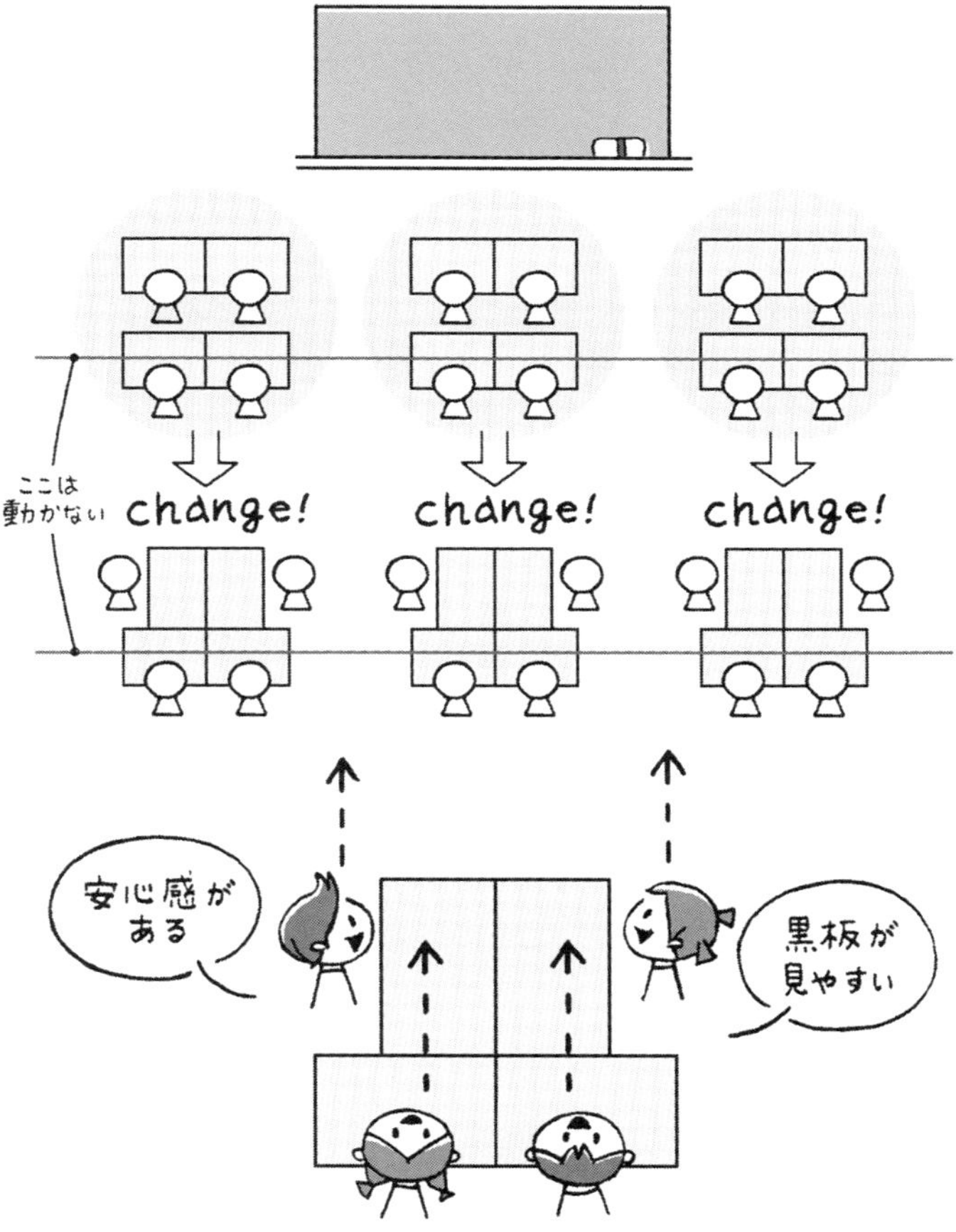
ここは
動かない
change!
change!
change!
安心感が
ある
黒板が
見やすい

子ども同士のリンク機能を育てる

この本を書いている今、私は六年生の担任をしています。

今のクラスの子どもたちも本当に仲がよくてかわいくて、雰囲気もとても柔らかいのです。

そのような子どもたちと日々接していると、私は「いずれ教師はいらなくなるのではないか」と半ば本気で思ったりもしています。

子どもたちがお互いに助け合い、学び合うような空間をつくることさえできれば、担任としての私の役目は果たしたと言えるのではないかと思うのです。

この章で書いた「4人組での話し合い」や「8人が同時に発表する」方法も、その仕組みのもととなっているのは「子ども同士のリンク機能を育てる」という考え方です。

最初はわかっている子が４～５人だけであっても、その４～５人が周りのまだわかっていない子どもたちにリンクしていくことで、わかっている子どもがどんどん増殖していくようなイメージなのです。

「とにかく、この一つの話題をクラス全員でわかるようになろう。そして、この一時間が終わったときには全員がなるほどと言えるようにしよう」。

そうして子どもたちにまかせてみると、いろいろな場所から「そういうことね！」という声が聞こえてきます。

この嬉しそうな声を聞いて、見ている私も嬉しくなります。

日本の一斉授業というものは、いつも全体指導ばかりをやっていると言われてきました。子どもを一斉に教師のほうに向かせて授業をしているけれども、もっと個を見る必要があるのではないか――そうして個別学習が盛んになると、今度はみんな個にしか意識が向かなくなってしまっています。

しかし、大切なことは「個」だけを見るのではなく「集団の中の個」を見ることだと思っています。集団の見方と個の見方を切り離してはだめだと思うのです。「木を見て森を見ず」だけでも「森を見て木を見ず」だけでもいけない、必要なのはミクロの視点とマクロの視点の両方をもつという意識です。

この二つの視点をもって「子ども同士のリンク機能を育てていくこと」が、子どもたちが一生使うことになる**「人間関係力」を育てること**につながっていくと思うのです。

第3章

「何のために」を考えてみると……

――「授業」が変わる

子どもの素直さを取り戻す授業

体育の授業のとき、走ることが苦手な子どもの中には、人前では真剣に走ろうとしない子がいます。ゴールの手前でわざと笑ったりふざけたり……「僕は今、本気じゃないんだぜ」というパフォーマンスをして現実から逃げようとします。

この状態のままでは子どもは自分の限界を超えようとはしませんから、運動の力も伸びません。

算数の思考力も同じで、子どもが友達の前で虚勢をはっているうちはだめなのです。「そうか」とうなずいていても、「では言ってごらん」と聞くと「いや、あの」と口ごもってしまう。わかったつもりだったけど「言ってごらん」と言うと説明できない子の中には、わかったふりをしている子もいます。この状態では絶対に成長することはできません。人前で間違えるのが恥ずかしいと思えば、子どもはたとえわからないことがあっても素直に表現できなくなります。わかったふりをして鎧《よろい》をかぶってしまうのです。

つまり、授業では**この鎧をいかにして脱がせるか**というのが大切なのです。**鎧を脱がせて心を解放させれば、子どもたちは素直に考え、表現することができるようになります。**

算数の計算問題などでも、計算のもとになる考え方はわかっていないのに、すぐに公式などを使って答えを出そうとする子どもがいます。この形式だけに頼るというのも、子どもが鎧を着て身を守っている状態の一つ。すぐに形式に頼る子たちには「イメージをもたせる」場面をつくってみると素直さが引き出せることがあります。

たとえば、学校に入学してきたばかりの一年生は、入学したての緊張からか、がちがちに固くなっていることがあります。緊張しているだけならまだしも、最初に「5はいくつといくつ」などという簡単なたし算の勉強をやろうとしても、もっと難しい勉強をしたいと授業につき合ってくれない子どももときにはいます（笑）。

そこで、子どもたちを素直にさせる、こんな授業を一つ紹介してみます。

「男の子が5人、女の子が3人、公園で遊んでいました」と授業を始めました。

心の中で「たして8人」と計算しているであろう子どもたちに、こう続けます。

「みんなで何をして遊んでいるでしょう」。

予想とは違う問いかけにガクッとなっている子どもたちが「先生、算数やらないの」と文句を言ってくるので「これは算数だよ。だって問題にはよく『公園で』などと書いてあるじゃない。公園に人がいたら、何をしているか気にならない？」と何食わぬ顔で話をします。

子ども：「なるけど……」

私：「じゃあ何をしていると思う？」

すると、子どもは「おにごっこ」とか「サッカー」などと言ってきます。

球技系の名前が出た途端に私はそれをパッと拾って「サッカーいいね。ではサッカーにしよう」と言うと、子どもたちは「サッカーは変だよ」とむきになりました。「男の子5人と女の子3人でサッカーをするのは変だ」と言うわけです。

「変なの？　どうして？」と聞くと、子どもは「だって5対3では試合になりません」。

私が「あ、そう。5人チームと3人チームだって先生は言ったっけ？」と問い返すと、

「そっか、言ってないか……では1人移ればいいと思います」。

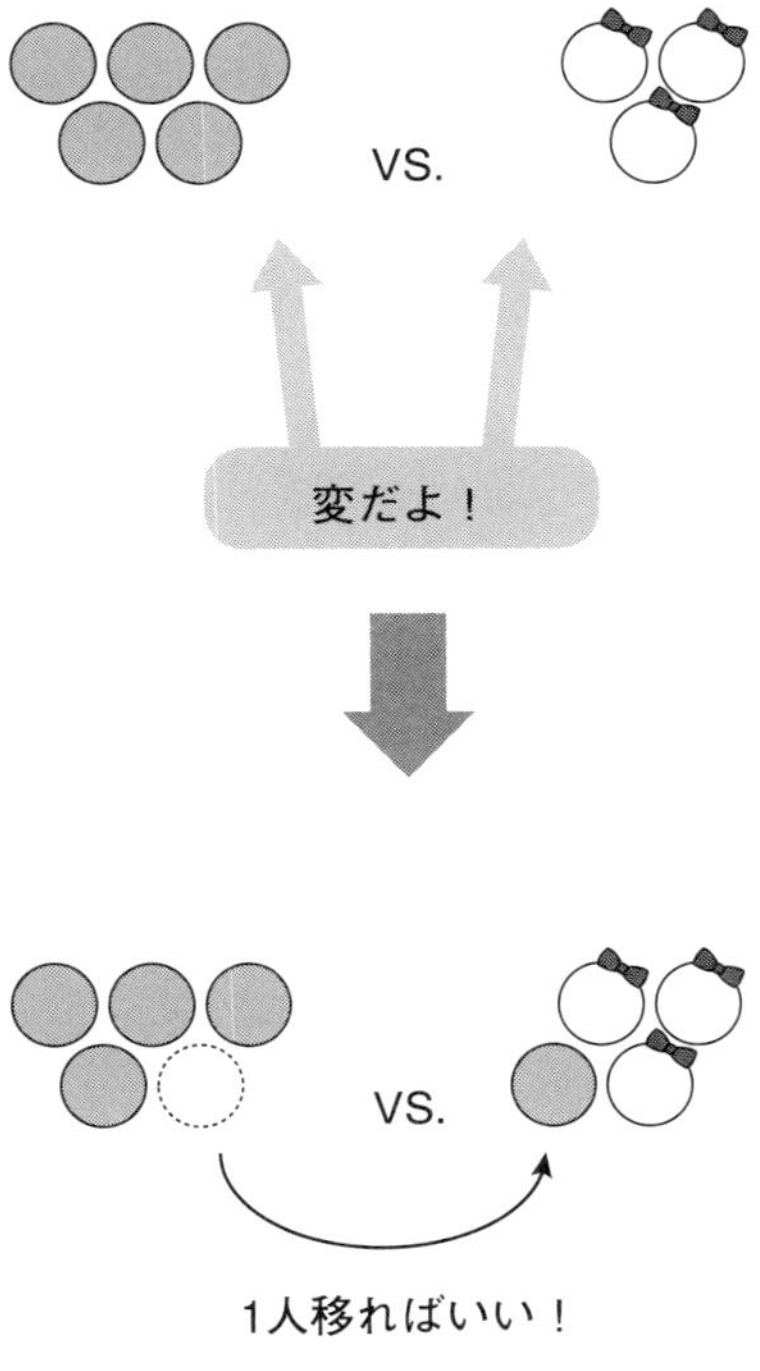

そこで私が「よかった。サッカーできるね」と言うと、今度は「でも、これでは男の子と女の子の数が違うので不公平です」という声が上がりました。

私：「不公平か。ではどうすればいい？」

子ども：「両方とも女の子がいないとだめだと思います」

私：「そうか、では移すか」

黒板には男の子と女の子を表す色違いのマグネットを貼っておき、左から右に1つ移しながら「これでいいかな？」「まだだめです」「チームをつくるのはなかなか難しいな」などと子どもたちとやりとりをしていきます。このやりとりを散々くり返していると、あるとき子どもが、「先生、これは分けられないと思います」とやっと言いました。「3と5はどちらも2つに分けられないから無理です」と気づいたわけです。

そうです。私は実は「5はいくつといくつ」の授業をしていたわけです。

子どもたちが知らず知らずのうちにこんな感覚を味わっていくようにできるといいなと思うのです。

問題場面を頭の中でイメージする

先の例では、普通は「みんなで何人いるでしょう？」と聞くところを「みんなで何をして遊んでいるでしょう？」と聞くことにおもしろさがあります。聞かれた子どもは「先生は何をふざけているのだろう」とガクッときますが、このとき急に笑顔になります。

これこそ子どもが鎧を脱ぐ瞬間、つまり素直に考え始める瞬間なのです。

この問いかけは一見ふざけているようで、実は算数的に見てもきちんと意味があります。

算数は問題場面を具体的にイメージしていくことが大切だからです。

「男の子が５人、女の子が３人」といったとき、場面を「サッカー」と決めたその瞬間に、５人と３人という数字がいきいきと動き出すでしょう。もしこの場面設定がなければ、

「5+3=8、4人と4人に分ければいい」と頭の中で数字だけをやりとりするはずです。

5人と3人という数字も、人間という生きた姿になってはじめて、チーム間での引っ越しを始めることにつながるのです。すると、男女の人数の違いがイメージされるので問題意識が生まれるのです。

さらに、「男の子5人と女の子3人では不平等だ」と主張してマグネットを何度も移動しながら考えた子どもには、次のように言ってみます。

「先生ね、こうやって何度も何度もやっていたこの子は偉いなと思ったよ。一生懸命、チームを平等にさせようとしたんだものね。クラスでチームをつくるときも、この子はみんな両方のチームを同じになるようにして、仲よく平等にしてくれる子だよ」。

算数の問題を時々、現実の場面につないでみせて教師の価値観を伝えれば、それは学級づくりにもつながると思うのです。

ところで、このたし算の話題は、先生向けの講演でもお話しすることがあります。「何をして遊んでいるでしょう?」と聞いた途端に先生たちは大爆笑しますが、私がまじめな顔で「何をしていると思う?」とたたみかけると、「おにごっこかな」「長縄かな」な

郵便はがき

料金受取人払郵便

本郷局
承認

2274

差出有効期間
2020年２月
29日まで

1 1 3 8 7 9 0

東京都文京区本駒込5丁目
16番7号

東洋館出版社
営業部 読者カード係 行

ご芳名	
メール アドレス	@ ※弊社よりお得な新刊情報をお送りします。案内不要、既にメールアドレス登録済の方は右記にチェックして下さい。☐
年　齢	①10代　②20代　③30代　④40代　⑤50代　⑥60代　⑦70代～
性　別	男　・　女
勤務先	①幼稚園・保育所　②小学校　③中学校　④高校 ⑤大学　⑥教育委員会　⑦その他（　　　　）
役　職	①教諭　②主任・主幹教諭　③教頭・副校長　④校長 ⑤指導主事　⑥学生　⑦大学職員　⑧その他（　　　　）
お買い求め 書店	

■ご記入いただいた個人情報は、当社の出版・企画の参考及び新刊等のご案内のためにに活用させていただくものです。第三者には一切開示いたしません。

Q　ご購入いただいた書名をご記入ください

（書名）

Q　本書をご購入いただいた決め手は何ですか（1つ選択）

①勉強になる　②仕事に使える　③気楽に読める　④新聞・雑誌等の紹介
⑤価格が安い　⑥知人からの薦め　⑦内容が面白そう　⑧その他（　　　　　）

Q　本書へのご感想をお聞かせください（数字に○をつけてください）

4：たいへん良い　3：良い　2：あまり良くない　1：悪い

本書全体の印象	4—3—2—1	内容の程度/レベル	4—3—2—1
本書の内容の質	4—3—2—1	仕事への実用度	4—3—2—1
内容のわかりやすさ	4—3—2—1	本書の使い勝手	4—3—2—1
文章の読みやすさ	4—3—2—1	本書の装丁	4—3—2—1

Q　本書へのご意見・ご感想を具体的にご記入ください。

Q　電子書籍の教育書を購入したことがありますか?

Q　業務でスマートフォンを使用しますか?

Q　弊社へのご意見ご要望をご記入ください。

ご協力ありがとうございました。頂きましたご意見・ご感想などをSNS、広告、宣伝等に使用させて頂く事がありますが、その場合は必ず匿名とし、お名前等個人情報を公開いたしません。ご了承下さい。

ども答えてくれます。

「長縄ですか。では誰が回しますか?」「こちら側で男の子が回したら反対側では女の子が回すかな」などと会場の先生と会話をしていきます。

このようなやりとりをしばらく続けて「あれ、誰も球技と言いませんね。子どもに聞くと、サッカーなどと言うのだけれど」と私が言うと、聞いている先生は「いえ、サッカーはだめでしょう」と首を横に振っている。

「だって5対3だから、サッカーはしませんよ。しかも女の子が少ないから不利でしょう」――見事に術中にはまった瞬間です(笑)。

私が「あれ、私は5人と3人はそれぞれチームだと言いましたか?」と子どもたちのときと同じように返すと、先生は「あっ、すみません、1人移れば大丈夫です」。

そこで私は、すかさず子どもたちのビデオを会場のスクリーンで流しました。子どもたちとの「5人と3人」の授業を録画したものを用意しておいたのです(笑)。

会場の先生たちは「私たちとおんなじだ」とお腹を抱えて笑っていました。

1分以内でクラス全員のノートを見て回る

机間指導で子どものノートを見て回り、一周して黒板の前に戻ってくるとき、どれくらい時間がかかっているのか意識したことはあるでしょうか。

たとえば、子どもたちがノートに書きながら問題を考えていて、それぞれがどんな考え方をしているのか一人ひとりのノートを教師が見て回るといったような場面――そのとき、**40人くらいのクラスであれば、1分以内に戻ってこなければいけません。**

40人で1分以内というと、それは速すぎると思うかもしれませんが、実は**このスピードこそが肝心**なのです。

理由は、こうです。

授業中、子どもがノートに書いて問題を考えている。子どもたちのノートを見て回り、どの子に発表してもらうかを決める。「よし、Aさんだ」。黒板の前に戻って「それじゃあ、Aさん、発表してくれる？」と指名する。

そのとき、一周するのに時間がかかっていれば、Aさんの答えは発表するときにはすでに変わっていることがあるでしょう。そして、教師が見た内容とは全然違うことを発表します。Aさんが机間指導の順路の最初のほうにいたなら、なおさらのことです。

その証拠に、時間をかけて子どもたちの答えを見て回ってみると、最初のほうで見た子たちは誤答が多く、最後の子たちは正解ということが多いはずです。でも、いったんぐるりと一周した後、最初のほうで見た誤答を書いていた子どもに発表してもらうと、間違いから一転、正解を発表することも少なくありません。

問題をやり始めた子どもは、途中で自分の間違いに気づいて答えを変えたり、隣の子のノートを見て「あ、違うな」とやり直したりするので、これは当然のこと。

だからこそ、子どもの状態を把握して授業の展開に役立てよう、意図的に指名していこうと決めたときは、１分以内で全員を見ようという意識をもつことが大切になるのです。

１分以内で見て回るためのコツは、移動をできるだけ少なくすることです。

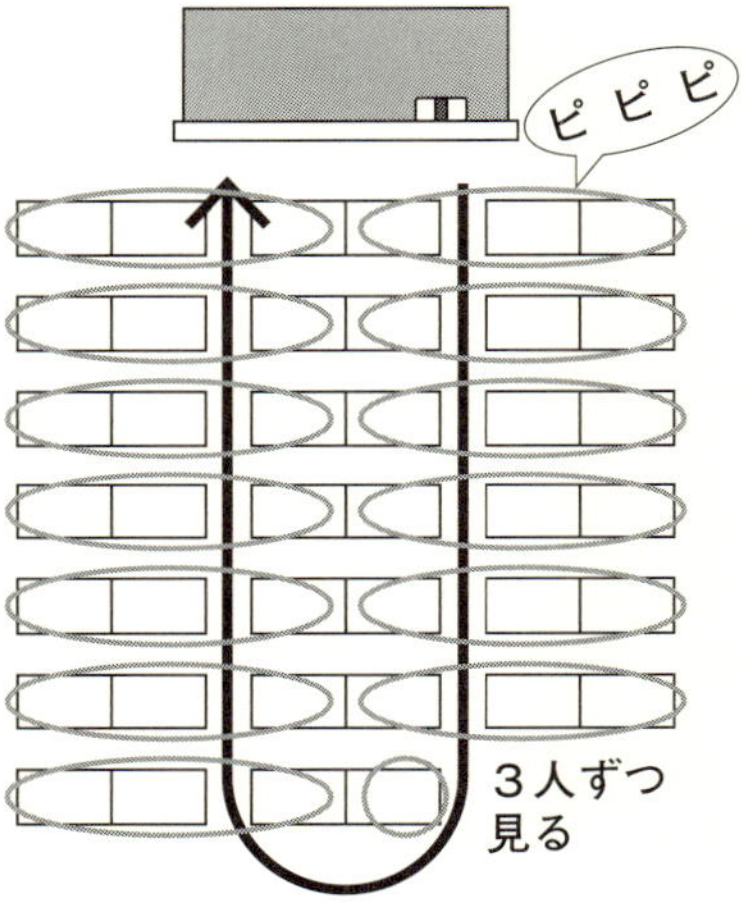

2人ペアの机が3列並んでいるなら、列と列の間の通路をU字型に回って黒板の前に戻ります。

図のように3人をいっぺんに見て、U字型にぐるりと回れば全員分のチェックが完了です。

このように「誰がどんな考え方をしているのか」をすばやく把握して、黒板の前に戻ってきたときには指名する子を心の中で決めるようにします。

これは、訓練を積めばそう難しいことではありません。

慣れないうちは、3人ずつピピピ、ピピピ、と指さし確認をしながら見ていくと、全員を漏らさずチェックすることができるでしょう。試してみてください。

子どもが自然に思考できる環境をつくる

「いい家庭教師は後ろで漫画を読んでいる」などと言われることがあります。

子どもが机に向かっている、その後ろのソファなどで漫画を読んでいて、子どもから質問されたときにだけ「どれどれ？」と行く。一方で、下手な家庭教師は子どものそばにずっとくっついている……少し極端な言い方ですが、子どもが考えているときには邪魔をしないという意味です。

後者の家庭教師は、文章題の指導で演算を決めようとするときに、子どもがかけ算の式を書いたのを見て間違えているなと思うとすぐに「えっ、本当にそう？」などと言ってしまいます。そして、条件反射的にわり算に修正した子どもを「そうそう、正解。よく考えました」とほめますが、子どもは本当に考えているわけではありません。

子どもは「×《かける》」でないなら「÷《わる》」と反射的に修正したにすぎません。きちんと理解して修正したわけではないのです。

机間指導でも、同じような光景に出くわすことがあります。教師が子どものそばにしゃがみこみ、じっくりと一対一で指導しているわけです。子どもが「かけ算かな……」とつぶやいた瞬間に先生が「違うよ」と言うので、子どもは「じゃあわり算」。

これでは考えていることになりません。

目の前に先生がいると、子どもは緊張してじっくりと考えることができないのです。

私は、**子どもに考え直してもらいたいところに気がついたら、「ここを見直して」とだけ言って、いったんその場を離れます。**一人になれば子どもはゆっくりと落ち着いて考えることができるでしょう（ただし、先ほどのようにかけ算かわり算かというような二者択一の場面ではだめですが……）。

机間指導で見て回り、後で理由を説明してもらおうという場面でも、同じように子どもをいったん一人にしてあげるほうがいいと思います。

この子に話させようという子どもを見つけたら、「これ、何でこうしたの？　後で説明してね」とさりげなく声をかけておいてからいなくなるのです。

もう一つ机間指導のコツをつけ加えれば、それはクラス全体の目も意識して子どもたちに声をかけることです。

私は、わざと正解の子どもにも声をかけ、「どうしてこうしたの？」と聞くことがあります。すると子どもが「えっ、これ違うの？」という顔をするので、そこでさっとその場を離れてみます。

しばらくしてからその子のところにまた戻り、「でもやっぱり先生、これでいいはずだよ」と言える子なら大丈夫です。

先生から声をかけられたらすぐに答えを変えてしまうというような子をなくすためには、先生から声をかけられた子どもが必ずしも間違っているわけではないということがクラスに伝わるような働きかけが必要なのです。

教師が「反射鏡」になって子どもの発表を聞く

机間指導のとき、子どものそばにしゃがみこんでじっくりとやりとりをするのは、子どもにとってはいわばその場でミニテストをしているようなものかもしれません。先生が目の前にいると、子どもは緊張します。試されているように感じてしまうかもしれません。

授業は、子どもの価値ある間違いを全体に広げてみんなで考えていく時間だと思います。その意味では、机間指導の中で子どもが間違うことを怖がるような状況をつくってしまうのは本末転倒。

本当にもったいないことなのです。

子どもが黒板の前に出てきて発表する場面でも同じことです。

発表する子どもが先生のほうを一心に見つめてしゃべっていれば、それは先生に伝えるために話しているにすぎません。

「私は今、これだけわかっています」ということを先生に伝えて、正解が言えたらほっとして席に戻っていく——これも、考え方を変えると、全員の前で音声によるテストをしているようなものかもしれません。


私のクラスで子どもが前に出てきて発表をするときは、先生ではなく友達に向けて話すように促しています。

もちろんそれでも先生のほうを向いて話したい子はいるでしょう。そんなときには私が教師というより聞き取りの苦手な子の立場で聞くことにしています。

「じゃあ、何でこうなるの？」「これはこうするの？」「じゃあ、それでいいじゃない」などと私がとぼけると、発表者以外の子どもたちも「いや、違うよ、先生」「わかってないなあ」とむきになって会話に参加してきます。

子どもの中で話を聞くときの私は、「反射鏡」のようなものなのです。**子どもの発表の内容を私がいったんバウンドさせて、席にいて聞いている子どもたちにはね返す。**

子どもたちのエネルギーの向きを変える役割をしているのだと考えています。

ですから、私は子どもの言っていることを簡単にまとめたりはしません。私が会話に入るときには、子どもの言葉をそのまましゃべります。

「この数字を60に変えると言ったよね。60って何？」と言えば、子どもたちは一丸となって「先生、60はさあ」と参加してきます。

このようなやりとりを、本当はいずれは子どもが教師抜きでできるようになってくれればいいと思っています。

第３章
「何のために」を考えてみると……

「誰がわかっていないのか」を知るこんな方法

授業中に「手を挙げなさい」と言ったとき、子どもによってはすぐに反応しないことがあるでしょう。

たとえ答えがわかっていても、手を挙げようかどうしようか迷っているうちに、そのままタイミングを逃してしまうということもあるからです。

私は、**「手」よりも「体」のほうが子どもの決断を引き出しやすい**と思っています。**「今の話、わかったら立ってごらん」「座ってごらん」**などとやるわけです。

「わかった人は立ちなさい」と言ったときの子どもの反応はピリッとします。座ったままでいるのは自分がわかっていないことを主張しているのと同じ――挙手よりも動きが目立ちやすいからです。

逆パターンとして、**「全員立ちなさい。今の話をちゃんと言えるようになったら座りなさい」**と言うこともあります。

この「わかったら座る」というパターンの場合には、特に注意が必要です。わからない子がずっと目立ってしまうからです。

友達の発表を聞いた後で「どんな話だったか話せるようになった人は座りなさい」というような場面では、一度目ですぐに1/3が座る、二回聞くとやがて2/3が座る、そして立ったままの子どもが最後の4～5人になってしまって、言えない子が緊張して立っている……これはいい光景ではありません。

こんなときはすぐに「よし、じゃあ後でゆっくり考えよう。みんないったん座ってね」などと見えなくしてしまいます。子どもにとって、最後の一人になることほど辛いことはないからです。

でも、教師は最後に残った4～5人をちゃんと覚えておいて、授業を進めながら時折その4～5人のノートやその後の様子を見て回ります。

ノートでできていたら、そのうちの一人に「じゃあ、ここのカッコに数字を入れるとしたら何？　ちょっと○○ちゃんやってみて」などと言って先ほどの名誉挽回の場面をつくるのです。

クラス全員の前でわざと発表してもらう場をつくることもあります。

こうして子どもたち一人ひとりの動きに気を配り、その参加度、理解度を小刻みにチェックすることも大切な形成的評価の場面なのです。

そのとき、教科書を閉じる？　開く？

授業中、子どもたちの手元にある教科書をどのように使わせるのか――あるタイミングで教科書を閉じさせておくのか、開かせておくのかということでも、いくつか考えておきたいことがあります。

デジタル教科書を見ると、まずは問題が表示されていて、その下の答えは最初は隠されていたりします。そして、一度クリックしたらAさんの考えが出てきて、もう一度クリックしたらBさんの考えが出てくるなど、順を追って内容が表示されるようになっています。

これは実は紙の教科書を使うときでも同じことなのです。

紙の教科書も、本当はデジタル教科書と同じように最初は答えを隠しておきたいわけです。

ですから、**紙の教科書を授業で使うときでも、場面によっては教科書を閉じておくほうがいいこともある**ということです。教科書の開閉も、教師が場面によってその都度、考えていくことが大切です。

ところで、私は、最初に提示する問題文は、低学年でもノートに各自がきちんと書くほうがいいと考えています。教師が黒板に書いたものを写すのでもいいのですが、教科書の問題文をそのまま扱うのであれば、それをそのまま写させます。

そのとき、「今日は教科書を見ながら問題文を書こうね。でも、問題文を書くときは教科書を閉じるんだよ」とつけ加えてみます。まずは教科書の問題文を見て、その後教科書を閉じて、そしてノートに書くわけです。

すると、子どもはノートに書きながら「最初は『こ』……あれっ、『こどもが』……いや、『こうえんで』が先だったっけ？」などと迷って、もう一度教科書を開くでしょう。そして、「そうか、『こうえんでこどもが』だった」などと確認します。

たったこれだけでも頭を使いますし、問題文をよく読みとります。さらに、**問題場面をイメージすることになるので、単純に問題文を写すよりも集中力が増す**のです。

大学生を教えるときにも、私は同じことをやっています。

大学生に学習指導要領を見させながら、「算数科の目標を全文書いてみよう」ともちかけるようなときには、実際に見ながら書くこともありますが、ときには書くときに一度、閉じさせてみるのです。

すると、学生たちは、「ええと、算数的活動は何とか何とかで何とかだから……あ、忘れた」などと集中して取り組みます。この閉じたり開いたりの間に内容について考えることが勉強になるのです。

少しプレッシャーをかけるために、「書き終わるまでに3回見ていいです」などと条件をつけると、学生たちも緊張しつつも楽しみながら取り組みます。

学生たちは「何とかで何とかで何とかで……あ、無理、無理」と一度目は割と早く見ますが、二度目、三度目に見るときはすごく慎重になります（笑）。その様子もまたかわいいものです。

このようなやり方なら、単純に視写させるよりも、ずっと頭に残ると思うのです。

板書のタイミングに悩む私

きれいに整っていてうまいなあと感じる板書に出会うことがあると思います。授業展開が一目でわかり、子どもたちの発言も満載、レイアウトも整っている——そのような板書を見て、私もすごいなあと感心します。

では、私の場合はどうかといえば、正直に言って板書は苦手です（笑）。苦手というより、子どもと話をしていると、板書をする暇がないというほうが正確かもしれません。

板書をしている間は、子どもたちに背中を向けてしまうことになるわけですが、私はその背中を向ける時間をなるべく短くしたいと思っているのです。

背中を向けていると、その間に一瞬にして子どもたちの世界は変わってしまうからです。わかっていなかったはずの子が隣の子に教えてもらう場面、答えが出せずに困っていた子が友達のノートを見て急に変化するようなとき……。

教師がタイムスリップをしてしまうようなもので、子どもがなぜ変化したのかが見えなくなってしまうことに他の先生の授業を見ていて気がついたのです。

特に、授業のスタートは命です。

スタートで子どもたちに問いかけた直後は、隣の友達にひそひそ話をしていたり、ぽかんとしている子がいたり、「ああ、これはわかっていないんだな」などと読みとれる瞬間があります。

それはほんの数秒くらいのことかもしれませんが、ここで子どもたちの動きをしっかりと見ておくことが後半の展開で大切になります。

ところが、研究授業などを見ていると、指示した直後に教師が子どもたちから目を離してしまうことがとても多いのです。板書に熱中してしまうからです。

教師が振り返ったときには、すでに子どもたちはきれいに動き始めている――最初はわからないことがあった子も隣同士の会話で確認したりして、すでに軌道修正されて見えなくなってしまうのです。

課題を出した後で子どもたちが動き始めた直後にザワザワと不安な会話をしているなら、それはまだ課題がよく伝わっていないということでしょう。そのとき教師が背中を向けていては、その子どもたちの戸惑いを感じとることができなくなってしまうのです。

誰か不安に思っている子どもがいないか、隣の子どもに話しかけている子がいたらどんなことを話しているのか、それを知ろうとすることです。

子どもの動きがその後で落ち着いたら、もう大丈夫。

そこで板書に向かえばいいでしょう。

とはいえ、私の場合は、動き始めの子どもたちの言葉がおもしろくて思わず聞いてしまう→気がつくとほとんど板書をしていない→もう今さら書くわけにはいかない、という連続になって悩んでいるのですが（笑）。

私は授業中は、とにかく子どもと正対したいと思っています。子どもの変化する瞬間を一瞬たりとも見逃したくないと思っています。

もし私が板書を緻密にびっしり書き始めたら、授業中の子どもの姿を見るという点で、今よりかなり多くのことに目がいかなくなってしまうでしょう。

だから私は板書が苦手なのですが、本音を言えば、私は板書が苦手な今の自分が案外嫌いではないのです（笑）。この弱点が逆に自分らしいとも思っています。

「何のために」板書をするのか

私の授業では、子どもたちが前に出てきて黒板を使うことも多いです。

授業中、子どもがむきになって説明していて、「だってね」と突然大きい時計を黒板のど真ん中にぼんとかき、私は「えっ、そこにかく!?」と内心苦笑していることもしばしば……そのため、授業後の板書が整ったものにならないこともしばしば……。

それでも、私は子どもたちが黒板を使って説明をしたいという気持ちを大切にしたいと思っています。きれいなレイアウトにすることよりも、子どもたちの説明したいという思いを優先したいからです。

このように、完成されたきれいなレイアウトの板書をあまり求めていませんが、**「板書を見ながら授業のストーリーを振り返る」**ということはやっています。

「今日はみんなでどんな授業をやったのか振り返ってみるよ。最初のこの時点ではみんなで悩んだよね。その悩んだときにこのA君の一言で流れが一気に変わったじゃない」などと、板書を追いながら話をしていくのです。

よく「授業の振り返りをする」などといいますが、私の場合は「振り返り」というより「小刻みな問いの変化を追う」といったほうがいいかもしれません。苦労した旅の後に思い出をみんなで共有していくようなものです。

板書はそれができるくらいで十分――そう思っていますが、あるとき、その授業が子どもの中に残っていなかったらまずいと思い、板書をもとに子どもたちに作文を書かせるということをやってみました。

板書を見て、子どもたちが授業の内容をどれくらい巻き起こせるかを文章で書かせたわけです（『学びが定着！板書見ながら〝算数作文〟』明治図書）。

すると、子どもたちの作文は私の板書などはるかに超えるほどの出来栄えでした。授業のストーリーを完璧に追えていて、節目には自分独自の世界をちゃんとつくっている。

板書を見て書いた作文を読むと、子どもたちが自分の変化を書きつづっているのがわかり、おもしろいと思いました。

このようなお話をすると、「では、子どものノートはどうするのですか？」という声も聞こえてきそうです。

私は、**普段の授業で話し合いを中心にするときは、子どものノートはメモ程度で十分**だと思っています。詳しくは次の項で書きますが、初期の頃はノートを育てる時間は、そのための授業として別に確保してあげることが必要だと思っているからです。

先生が黒板に何かを書き始めたときに、子どもが「先生、それノートに書くんですか」と聞いてくる光景をよく見ますが、それは教師が「今は書くのをやめて話を聞きなさい」などと普段から言っているからでしょう。

そして「あとから書く時間をあげるからね」と言っているにもかかわらず、それを先生が忘れていることも少なくないのです（笑）。

私は、「今は話を聞く時間です。書く時間ではありません」などという指示はしません。子どもたちは書きたいときに書いて、ときには左手で挙手をして右手ではノートを書きながら「はい、言いたい、言いたい！」などと参加してきます。このときのノートは記録や整理のためでなく、考える道具として使っているわけです。

そして、授業後には、子どもたちが自ら「先生、このノートだとわかりにくいから、明日きれいに整理してくるね」などと言ってきます。

メモとしてのノートと、思考を整理するためのノートを子どもたちが自分で使い分けているのを見て、それならちゃんと書く時間を確保する日もつくろうと思ったのです。

子どものノートを育てる20分授業

話し合いに集中させたい授業ではノートはメモ程度に使うほうがいいと述べました。そして、ノートの書き方に的を絞った授業というのも必要だと述べました。

それが、子どものノートを育てるための20分授業――**学習の内容は20分で終わるものにしておいて、残りの時間で子どもがその20分のことをノートに書く日をつくる**のです。

「今日、どんな学習をしたか、欠席している子に教えてあげるためにノートにかこう」などと言えば、授業の内容を知らない人が見てもわかるように整理の仕方を工夫しようと思うでしょう。

ノートを書き始めて10分くらいすると、やはりまとめ方に差がついているのがわかりました。最初は何を書いてよいのかわからない子もいれば、すでにぎっしりと書く力のある子もいます。図などを使ってわかりやすくまとめている子もいて、板書とは違うその子ならではのノートができている場合もあり、個人差は歴然です。

そこで、次のようにお話しします。

「今日は20分、みんなで一緒に勉強したよね。ノートに書く時間も10分間、みんな一緒だったよね。さて、このクラスにはすごい友達がいっぱいいるんだよ。今から友達の力を吸いとりにいこう。友達のノートを見て回って、すごいと思うものを探しなさい」。

子どもたちは教室をぐるぐると歩き回って「これはすごい」と盛り上がっています。

私が「明日、同じような時間をとるから、そのノートみたいに書きなさい」と言うと、子どもたちは「ええーっ。ムリムリ」。

そこで、こう続けました。

「よし、じゃあ『このノートならいけるかも』と思える自分の目標のノートを探しなさい。これならできそう、と明日はこの友達ぐらい頑張ろうと思えるものです」。

この「明日の目標」という視点で子どもたちが探すノートは、**「今の自分よりも一歩上」**のものでしょう。

今の自分のレベルよりはすごいと認めつつも、まねできないほどかけ離れてはいない。目標を設定するときには、こうして自分を見定める力も大切なのです。

翌日、同じようにノートを書く時間をとり、みんなで見て回ると、今度は自分のノートを友達から選んでもらえる可能性もあります。自分のところに少しでも人が来てくれると嬉しいですし、自分の書いたノートを友達が目標にしてくれることは、さらにいいノートをつくろうというモチベーションにもなるでしょう。

こうして、お互いがお互いの見本となって、クラス全員のノートが少しずつレベルアップしていくというわけです。

第4章
子どもが楽しいのはどんなとき?
——「活動」が変わる

身近な教材だから、子どもが素直に考える

六年生の「拡大図・縮図」で、コピー機を使った授業をしたことがあります。

適当な絵がかかれたプリントを手に「よし、これを半分の大きさにしてみよう」と子どもたちをコピー機のところへ連れていきます。一人の子どもに操作させると、当然のように50％縮小ボタンをピッと押す。出てきた紙を見てみると……あれ、思ったよりもかなり小さい!?　子どもたちは驚いています。

50％に縮小すると、子どもは「面積も50％になる」ことをイメージしますが、コピー機の50％縮小は辺の長さが50％になるということなので、面積は25％になるわけです。

「明らかに小さい」と驚いている子どもたちに、私は「コピー機の拡大・縮小の数値も辺の比でやるんだよ」と話し、次のように問いかけました。

「みんな、本当は面積を半分にしたかったんだよな。じゃあ、このサイズを半分にするには、コピー機に何パーセントと入力すればいいんだろう？」

教室に戻って「やってみよう」と言ったら、子どもが「もとになるサイズを教えてください」と聞くので、「では縦8cm、横12cmの長方形の絵だとしよう」と伝えました。

縦8cm、横12cmの長方形の面積は96㎠、半分にしたら48㎠。

48㎠になる長方形で、なおかつ形が変わってはいけない。

つまり、辺の比が変わらずに、面積は48㎠にならなければいけない。

さあ、どうするのでしょうか？

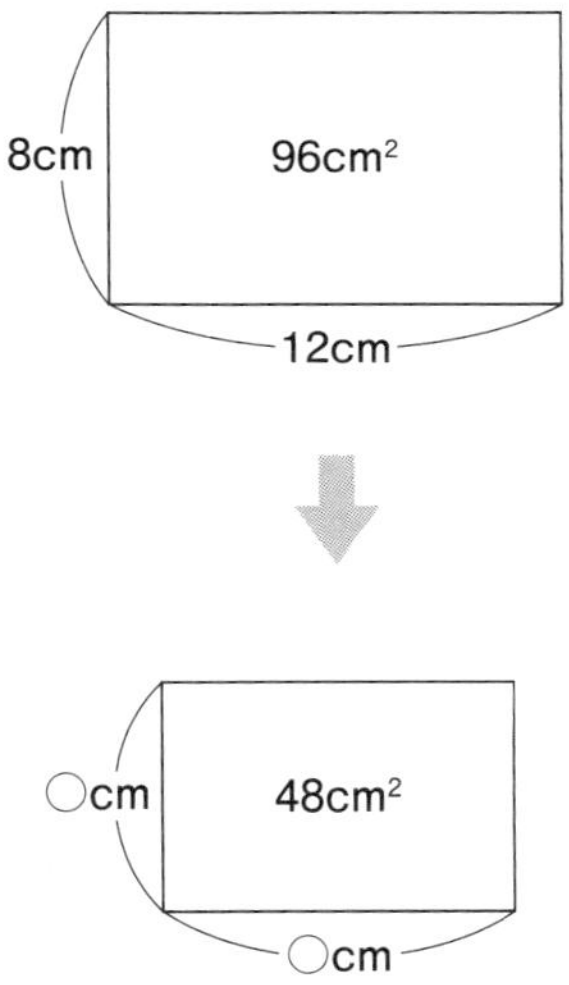

子どもたちは、縦と横の辺の比が、もとの形の辺の比と同じくらいになる数値を適当に当てはめて、それらをかけたときに48に近いものを探していきました。「先生、私、ここまで近づいた！」と夢中で計算をしています。

これは正確な数値では表せないのですが、面積が半分の長方形は確かに存在しますし、その長方形を構成する辺の長さも存在するはずなのです。子どもにとっては不思議な世界なのです。

この学習の数日後、ぴったりの数値を出すことができずに苦労していた子どもたちに、「でも、世の中にはこんな便利な形というのがあるんだよ」と言って、私は普段使っているA4やB4の紙の話をしました。

A4やB4といった白銀比（縦：横＝1：$\sqrt{2}$）でできている用紙は、半分に折ってもその縦横比が変わらないようにできています。

A3の半分がA4、A4の半分がA5、A5の半分がA6……。

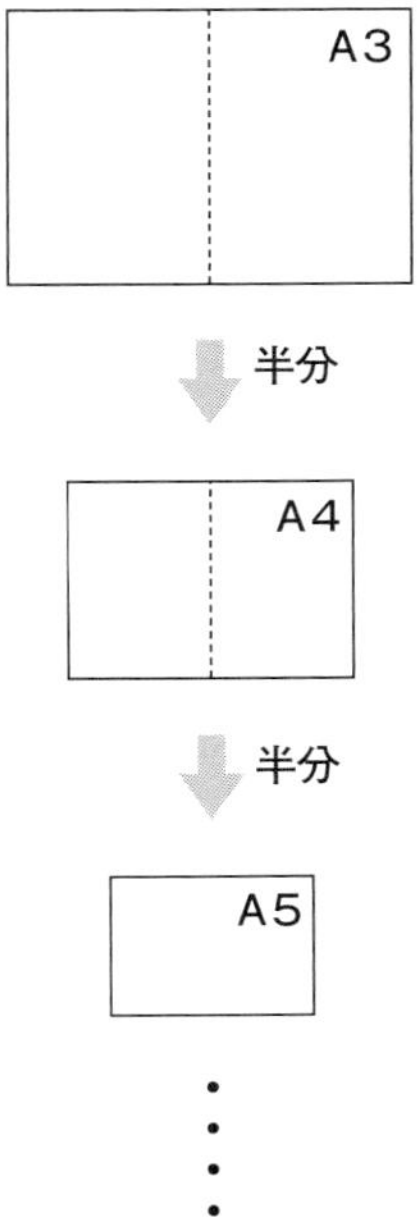

「8×12の半分はこんなに難しかったのに、普段使っている紙なら折るだけで形を変えないで面積を半分にできてしまう。便利ですばらしい形なんだよ」と伝えると「身近な紙がそこまで考えられているなんて」と子どもたちは感動していました。

授業後——子どもたちは飽きずに「8×12の半分」の計算をし続けていました。

「70.710％にすると、47.9cm^2まで近づいた」と喜んでいます。

これは3時間目の授業でしたが、計算に夢中になっている女の子たちは4時間目も続けてやりたいと言います。4時間目の国語担当、N先生に「先生、国語はやめて計算させてもらえませんか」と訴えてN先生がムッとしていました（笑）。

九九遊び
――アンラッキーナンバーを言ったらアウト

かけ算九九の練習のときに、みんなで声をそろえて「ニイチがニ、ニニンがシ」とひたすらくり返している様子を目にすることがあります。

九九の暗記でくり返しが大切なのはもちろんなのですが、子どもは同じことのくり返しが好きではありません。練習方法もいつも同じでは、やはり飽きてしまうでしょう。

九九の練習も、ちょっと視点を変えてみると、ゲーム感覚の楽しい遊びに変身します。

一つ、私が実践している九九遊びをご紹介しましょう。

まずは教師が「アンラッキーナンバー」を決め、子どもたちに発表します。

たとえば、アンラッキーナンバーを「一の位が3」と決めてゲームをスタート。

子どもたちは5～6人のグループをつくり、教師が指定した段の九九をグループのメンバー一人ひとりが順に言っていきます（アンラッキーナンバーはあらかじめ画用紙に書いて黒板に裏返しに貼っておき、ひっくり返して発表すると演出効果も満点です）。

アンラッキーナンバーは「一の位が3」、試しに「七の段」でやってみましょう。「7×1=7」と最初の子が言ったら、隣の子どもが「7×2=14」、さらに隣が「7×3=21」。いずれも積の一の位が3ではないのでセーフです。

続けて「7×4=28」「7×5=35」「7×6=42」「7×7=49」と言っていくと、どうやら七の段の積には一の位に3が出てこない？

「全員セーフ!?」と子どもたちが安心しかけたそのとき、「7×9=63」！　最後の最後にアンラッキーナンバーが登場、この九九を言った子どもはアウトになります。

つまり、七の段の9つの積のうち、一の位が3になるのはこの7×9=63だけなので、アウトになるのもたった一人——まさに運だめしのゲームなのです（ちなみに、このゲームでは最初はみんなを立たせておき、アウトになったら座るというルールにしておくと、ドキドキ感も倍増します）。

これをくり返して最後の一人になるまでやります。単純に九九を聞くだけでは退屈ですが、これなら誰が残るかハラハラしながらずっと聞いていられます。

さて、七の段のチャンピオンが決まったところで、今度はアンラッキーナンバーを「一の位が5」に変えて、五の段をやってみます。

ゲーム開始、最初の子どもが「5×1=5」！　一人目からいきなりアウトです。次の子どもは「5×2=10」でセーフ、その次の子どもは「5×3=15」でアウト、さらに次は「5×4=20」でセーフ……そうです、五の段では積の一の位が一つとびに5となるので、二人に一人が交互にアウトになるという展開です。「先生、五の段は大変だよ」と大騒ぎになります。

この活動は実は、九九表の数のきまり発見をする学習と同じ効果があります。

このゲームのよいところは、プレーヤーとして九九を言い続けている子どもだけでなく、すでにアウトになってしまった子どもも勉強になるという点です。

アウトになって座っている子どもも、「他人が言っている九九をずっと続けて聞く」ということ自体がとても勉強になりますし、ゲームのドキドキ感で集中力が増すのは子どもたち全員にとってのメリットと言えるでしょう。

5～6人のグループでやっているので、間違えたら友達同士で修正して学び合うことができます。授業中にペア学習など2人組の活動をする光景もよく見ますが、2人では両方ともあやしいときもあるため注意が必要です。

もう一つ、この遊びのよいところは、ゲームの勝敗が「九九ができる・できない」でなく「運」にかかっているというところです。

アンラッキーナンバーという言葉の通り、アウトになるのはあくまで運がなかったというだけのこと。**九九がスラスラと言える子どもも、まだ自信がない子どもも、同じ土俵で楽しみながら勉強できる**ところが、何より子どもたちに人気がある理由かもしれません。

かけ算九九の練習が楽しみになる3つの工夫

先ほどの九九遊び以外にも、工夫次第で楽しみ方は広がっていきます。

私が実践している簡単な九九の練習方法をあと3つご紹介しましょう。

① 東西南北で九九

段が変わる度に体の向きを変えて九九を唱える方法です。

「はい、前を向いて二の段、こっち（右）を向いて三の段、後ろを向いて四の段、こちら（左）を向いて五の段、一周回ったら座りなさい」と言って、一人ひとりが自分のペースで九九を暗唱します。

子どもたちの体の動きを見ていれば、だいたいどこの段が苦手なのかがわかります。

「この向きで動きが止まる子どもは、三の段で困っているなあ」などと見ておいて、その子には後でアドバイスすればいいのです。「一周回って前を向いたら、自分が一番苦手な九九をもう一回言って座ろう」などとオプションをつけることもできます。

別バージョンとして、「座って二の段、立って三の段、椅子の上に立って四の段」などとやってみてもいいでしょう。

体を動かしながらだと、単純なくり返し練習も楽しくできるはずです。

②オウムガエシで九九

係の子どもを一人選び、その子の読む九九を他の子どもが復唱していく方法です。「じゃあ、四の段をやろう」と決めたら、「四の段の係」の子を一人選びます。係の子どもは前に出てきて、九九表を手に「シイチがシ」と読み上げ、それに合わせてみんなが「シイチがシ」とオウムガエシで復唱していきます。

係を選ぶときには①の「東西南北で九九」で見た子どもの動きをもとに指名するといいでしょう。「この子は四の段が苦手だな」という子がいれば、その子を四の段の係に指名します。係の子どもは九九表を読み上げればいいので、苦手な段でもこなすことができますし、前に出て読む緊張感が暗記へのモチベーションを後押ししてくれることでしょう。

さらに、シク、シチハ、シシチ…と逆さに読む「逆さ九九」や、ランダムに読む「バラバラ九九」もやってみます。この読み方だと、普段はできる子でも間違えてしまうことがあるので、係の子どもだけでなく他の子どもたちにとってもいい練習になるのです。

③ペアやグループで九九

子どもたちが様々な人数のグループをつくって九九を出し合う方法です。

教室で子どもたちを自由に歩かせておいて、教師が手を叩いたら、その叩いた数の人数のグループをつくります。

たとえば教師が「トントン」と2回手を叩いたら、そのとき近くにいた相手と2人組をつくります。一人が「シシチ」と問題を出し、相手は「ニジュウハチ」と答える。今度は先ほど答えた相手が「サンゴ」と言ってもう片方が「ジュウゴ」と答える。これで引き分けです。

相手が言えなくなったらアウト。勝ったほう同士、負けたほう同士でまた別のペアをつ

1. 東西南北で九九

2. オウムガエシで九九

3. ペアやグループで九九

くり……と続けていきます。

しばらくしたら、「はい、自由に散歩。はい、トントントントン」とやって今度は4人グループをつくります。

4人で輪になって隣の人に問題を出します。最初の子どもが「サンゴ」と言って隣が「ジュウゴ」と言えたら、答えた子どもがさらに隣に「シシチ」と問題を出す。順ぐりに問題を出し合っていって、答えられなくなった子どもは座ります。

3人、2人……と人数が減っていって、最後まで残った人の勝ちとします。

この練習方法は、ハラハラドキドキしながらゲーム感覚で楽しめるのがいいところですが、前項で紹介したアンラッキーナンバーの九九遊びとは違って、九九の得意・不得意が見えてしまうので、初期の頃は注意が必要です。

ただ、勝敗は相手がどんな問題を出すかという運も少しは左右するので、負けてしまった子には「みんな同じ問題をやっているわけじゃないから、座っている子が弱いわけじゃない。これも運だね」というフォローの言葉も忘れずに。

基礎的な力を育てるときには、当然くり返しの練習が必要ですが、単なる根性主義だけで日々を終わらせない工夫もしていきたいものです。

「レーダー作戦ゲーム」
――漢字だって楽しく覚える

九九の練習方法もそうですが、くり返しをたくさんさせる場面では私はいつも「いかに楽しく子どもに学ばせるか」を考えています。

先ほどのかけ算九九だけでなく、国語の漢字などでも工夫次第で楽しくすることは可能です。

たとえば、「**レーダー作戦ゲーム**」。

ドリルの2ページなどと範囲を設定して、その中から2人組のペアでお互いに問題を出し合います。

そのとき、相手が出してくる問題を5問なら5問予想して、その5問を答える側が先に解いておきます。

回答者が解いた問題と、出題者の選んだ問題とが一致したら、一問ごとに回答者に得点が入ることにしますが、たとえ問題が一致していたとしても、漢字を正しく書けていなければもちろん得点は入りません。

つまり、このゲームでは**「この漢字が難しいから、相手はこの問題を出しそうだな」と考えなければいけない**ということです。「これ出されると嫌なんだよな。これかな」などと考えること自体がとても頭を使うことなのです。

ドリルに並んだ漢字を片っ端から書いていくことよりも、わからないものをあぶり出すこと、つまり自分のわかることとわからないことの境界線を探っていく活動が学びの大切なポイントだと思うのです。

それをゲーム感覚で友達と楽しんでしまおうというのが、この「漢字版レーダー作戦ゲーム」でした。

計算練習も漢字練習も、一人よりも二人でやるとおもしろい

計算練習も、一人でひたすらやれば単純な反復練習になりますが、ペアやグループでやってみると、意外なほどに盛り上がるものです。

私がわり算の筆算練習の場面でよくやっているのが、**「たてる・かける・ひく・おろすゲーム」**――そうです、わり算の四つの操作を使った遊びです。

最初は４人組のグループをつくって、それぞれが「たてる担当」「かける担当」「ひく担当」「おろす担当」になり、リレー方式で一つの筆算に取り組んでいきます。

たてる担当の子どもが「やった、僕、ラクちん！」とたてるをやると、次のかける担当が「ラクちんのくせに、たてる、間違ってるし！」などとつっこみを入れる（笑）。間違いがないか全員で確認し合いながら進めることができますし、自分の担当を何度もくり返

すことになるので計算の手順がしっかりと身につきます。

慣れてきたら「では、一つずれようか」と担当を交代したり、グループの人数を3人に変えて毎回担当がずれるようにしたりすれば飽きずに続けられるでしょう。

また、グループの対抗戦にして遊ぶことも可能です。いろいろな計算問題を短冊に書いたものをグループごとに同じ枚数ずつ用意して、最初の子が「たてる」を書いたら、隣の「かける」の子どもに渡す……と続けて、完成した短冊をどんどん積み上げていきます。グループ間でスピードを競えば、チームワークも鍛えられるでしょう。

このペアやグループで練習する方法は、算数以外でも応用することができます。

たとえば、**国語の漢字の練習で2人組をつくって、片方は「へん」を書き、もう片方は「つくり」を書く**などとやってみます。または4人組で立候補式に。「僕は『木へん』を書く！」「それ、あなたが一番ラクじゃない」（笑）などと盛り上がります。

一人でやる反復練習は、間違えたり詰まったりしたらそこでストップしてしまいますが、数人でやればお互いのチェック機能も働く上に楽しい、一石二鳥の練習になるのです。

もちろん、苦手な子どもが最初はそうとわからない役にしてあげるなどの配慮が必要なことは毎回同じです。

子どもたちが自然に目を合わせることを楽しむ遊び

いくら教師が張り切っていても、子どもたちが疲れていたり、集中力が切れていたりするときは授業にはならないものです。連休明けや学校行事の後など、子どもが元気のないときには、授業のプロローグに遊びやゲームを組み込んでみるといいでしょう。

連休の谷間のある日の算数。始業のチャイムが鳴って私が教室に入ると、子どもたちは目に見えて疲れた顔をしていました（笑）。

そこで私は、「起立」の声がかかるなり「ここは大きなビル街です。あなたたちは今、巨人になりました」と言って、「何するの!?」と興味津々の子どもたちに続けました。

「今からビル街を散歩します。ビルを散歩するときは、すれ違う人同士は必ず目を合わせなければいけません。不思議な町なんです。この中に5人ほど、とても不思議な魅力を持った人がいて、この人がウインクをすると倒れなければいけません」。

そうです、「ウインクキラー」というゲームです。

「今から5人の子どもに不思議な力を先生が授けます。全員目を閉じなさい。先生に頭を触られた子がウインクキラーです」と5人の女の子たちを選びました。彼女たちが男の子とすれ違うと、みんなバタバタと倒れていくのは、なんともかわいらしいものでした（笑）。

こうして少し遊んだ後で「はい、ストップ」と言って、「みんなルールはきちんとわかっているかな？」と聞いてみました。

すると、一人の男の子から「ウインクってなんですか」という質問がありました。なるほど、ウインクという言葉がわからなければゲームに参加することはできません。

これは、実は授業でも同じです。**キーになる言葉の意味がわからないがために授業から取り残されてしまうこともある**のです。ですから、「今、『ウインクって何ですか』と聞けたあなたは偉いね」ときちんとほめました。

遊びの中にもちょっと算数を

新しいクラスを受けもったとき、最初に私がよくやるのが自己紹介ゲームです。子どもたちがみんなで一つの輪になって座り、一人ひとりが自己紹介をしていきます。輪になることで、物理的にもきちんと「出会い」を感じられるようになるでしょう。

自己紹介をするときには、自分の名前を言う前に、すでに自己紹介を終えた子どもたち全員の名前を言うルールにしてみます。

たとえば、「私はヒロシ君の隣の○○です」→「私はヒロシ君の隣の○○さんの隣の△△です」と、名前を重ねて言っていくわけです。

全員が言い終わって一周回ったら、最後に手をつないで「ゴール」と言って立ち上がります。

そこで、私が**「はい、みんなお互いの名前を合計で何回呼んだことになるでしょう」**と尋ねました。答えは、1+2+3+4+5+6+……ガウスの計算のアイデアもこういう場面で活用させてみます。こうして少し算数の要素も加えてみるとおもしろいでしょう。

自己紹介で名前を言うときに**「下の名前で呼ぶ」**というルールも試してみると雰囲気が変わります。

「今日は全員、苗字でなく名前で呼び合うことにしよう」と言って子どもたちにやらせてみると、普段、苗字でしか呼び合っていない場合は少し照れくさかったりもするものですが、なかなかいい雰囲気になったりします。

この**名前を呼び合う体験をゲームの中でちょっと味わうだけで、高学年の場合は男女の距離がぐっと縮まることもある**でしょう。

クラスをまとめるためには男女の壁を崩すことも大切なポイントになるのです。

カルピスのラベルで算数!?

カルピスのラベルに、「5倍希釈」と書かれているものがあります。5倍希釈。これを実際に計ってみようとして、迷ってしまった経験はないでしょうか。カルピスの原液1に対して水が5なのか、それとも原液も含めて全体で5なのか——このようなことも授業にしてしまいます。

「5倍希釈」と書いてあるラベルを拡大コピーして黒板に貼り、「さあ、これはどういうことだろう?」と聞くと、子どもたちはさっそく議論を始めます。

「水4杯分に対してカルピスの原液が1杯分ずつ混ざっていくのだから……」という子どもがいる一方で、「それでは5倍に薄まったことにはならないから、原液が1杯なら、水はやはり5杯分なければ……」という子どももいます。

そのような議論を進めて授業が残り二十分になったところで「はい、ストップ」。「これはもう、実際に試してみるしかないな」と私が言うと、子どもたちは「あっ！」。ここで、事前に買って裏に隠しておいたカルピスを登場させます（笑）。

だいたい、私はこれを六年生の比の授業のあたりでやっています。それも、夏の暑い日にやると、子どもたちは大喜び。途中からはもう、4倍だろうと5倍だろうとどちらでもよくなってしまうのですが……（笑）。

さて、5倍希釈というのは、みなさんもご存じの通り1対4です。

子どもたちは、「じゃあ、なぜ1対4と書かないの？」と言ってきます。

そこで、「そうだね、こういう混乱をなくすためには、『倍』よりも『比』の表現のほうが便利なときもあるね」と比のよさにつなげていくといいでしょう。

子どもたちの日常の中にあるもので授業のネタになるものはないかといつも探してみると、このカルピスのラベルのように思いがけない教材に出会えることもあるものです。

第５章
あえて「逆のこと」を試してみる
――「教師」が変わる

「子どもってすごい!」と感じた授業

私の得意な授業の一つに、折り紙を扱うものがあります。

折り紙を三角形になるように2回折り、直角の部分をハサミで切る。これを開くと、どんな形になっているかを考えます。

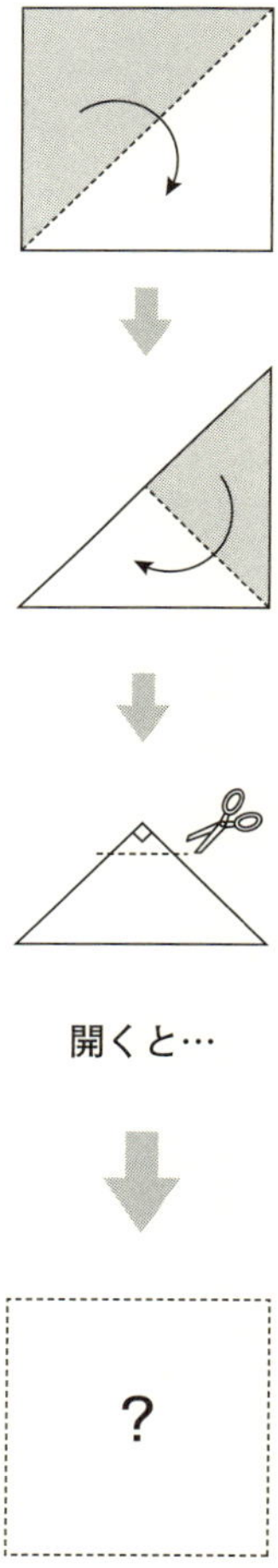

次は３回折って、同様に直角の部分をハサミで切る。さらに４回……としていって、授業の後半ではそれぞれを開いたときの模様に決まりを見つけるという展開です。

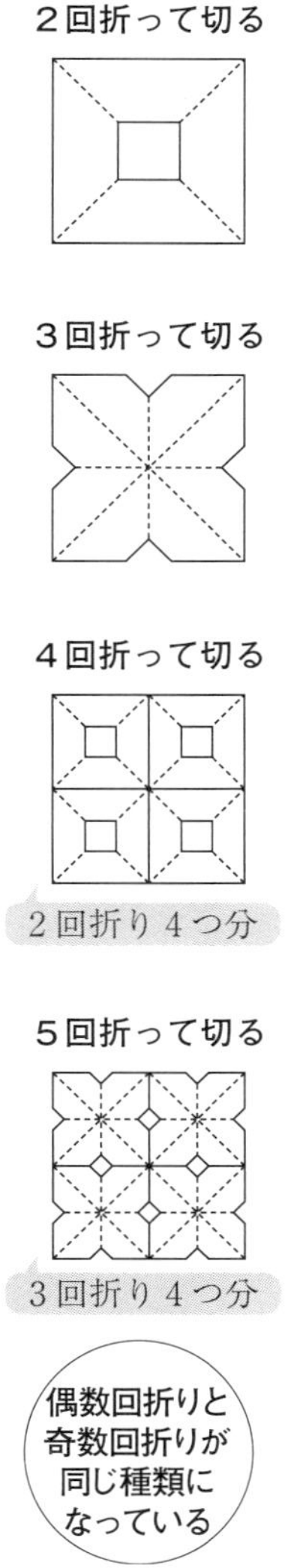

ある参観日の授業で、私はこの題材を扱おうと思っていました。

授業が始まり、折り紙を手に「この折り紙をこうやって折って……」と始めようとしたら、子どもから「あ、それ知ってる！」という声が上がりました。

当時は、私が出演しているＮＨＫの番組が放映されていました。その番組でこの授業をやったことがあり、子どもたちはテレビで見て知っていたというわけです。

「え、知ってる？　テレビで見た？」と聞いたら約半数の子が「見た」。

それでも半分の子どもは知らないわけなので「一緒にやろうよ」と言ったら、その子たちも「いやだ。私たちは先生の本当のクラスの子なのに、どうしてテレビの子どもたちと一緒にやったものを後からやらなければいけないの」と口を尖らせています。へえ、小さくてもちゃんと嫉妬するんだ（笑）。

参観している保護者の方たちは大爆笑です。

「わかった、わかった。でも先生、折り紙も用意したしさ……」と私が言うと、子どもが「テレビでは、どこを切ったの？」と聞いてきます。

「ここを切った」と直角の部分を指さすと、**「じゃあ私たちは違うところを切りたい」**。

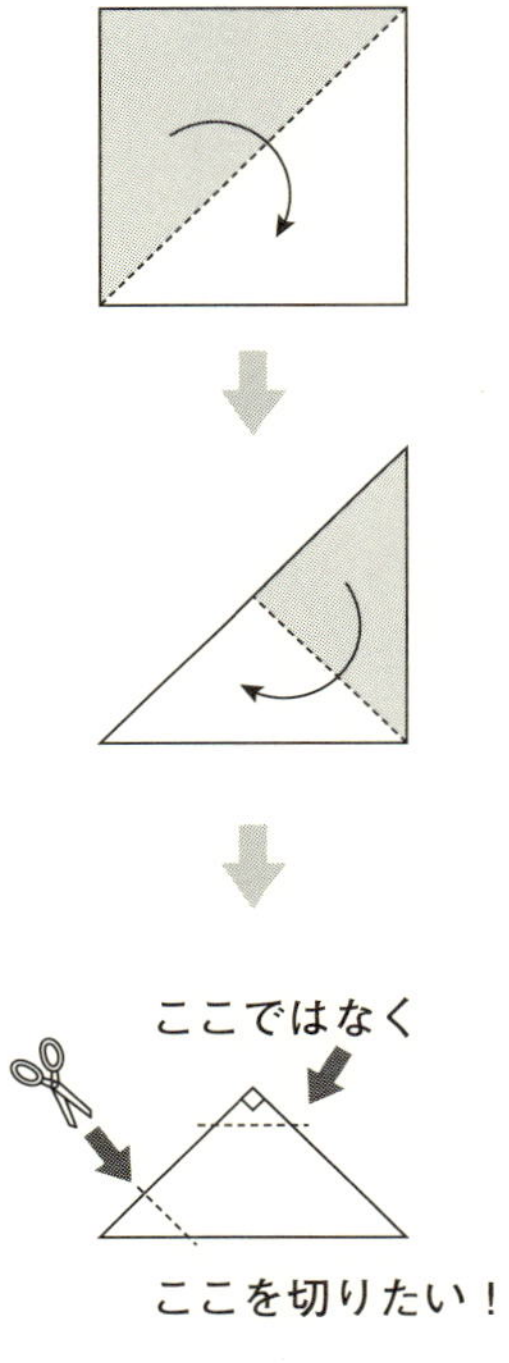

テレビでは直角の角を切りましたが、なるほど、確かに角はあと2つあります。そこを切ればいいけれど、しかしはたして本当に決まりがあるのだろうか……いや、くり返し折っているのだから何か決まりはあるはずだ（冷や汗）。

えーい、教材研究ゼロだけど、やっちゃえと思って、思い切って試してみたのです。

（次項に続く）

「先がわからない」からこそ感動が生まれる

教材研究はまだしておらず、子どもの言葉からぶっつけ本番で別の角を切ることに決めた——でもときにはここから劇的なドラマが始まることもあるのです。

折り紙を三角形に2回折ってから、「よし、じゃあここを切るよ」と言うと、すかさず子どもから**「先生、どっちを切るの？」**というつっこみが入りました。

直角以外の2つの角のうち、片方は閉じていて、もう片方は開いている。そのどちらを切るかによって、開いたときにできる形は違うと言っているわけです。

これはおもしろい視点だと思いました。2つの角を切ろうとなったとき、私も瞬時にその2つの違いに気づいていました。2つの角をそれぞれ切って開いたら、2枚の紙は違う形が現れるはず……まずはそこを扱えばおもしろいと考えたのです。

そこで、私はわざと「こういう三角形ならどっちの角を切っても同じでしょう？」と子どもたちを揺さぶりました。すると、子どもたちは「違う、違う！　たばになっているところと、バラバラになっているところがあるから違うもん」。

後ろにいる保護者にも尋ねてみると、みなさんそろって「違う」と首を横に振っています。

なるほど、みんな違うと言う。私もそう思う。

さて、実際に切ってみたら、どのような形の違いになるのだろう？

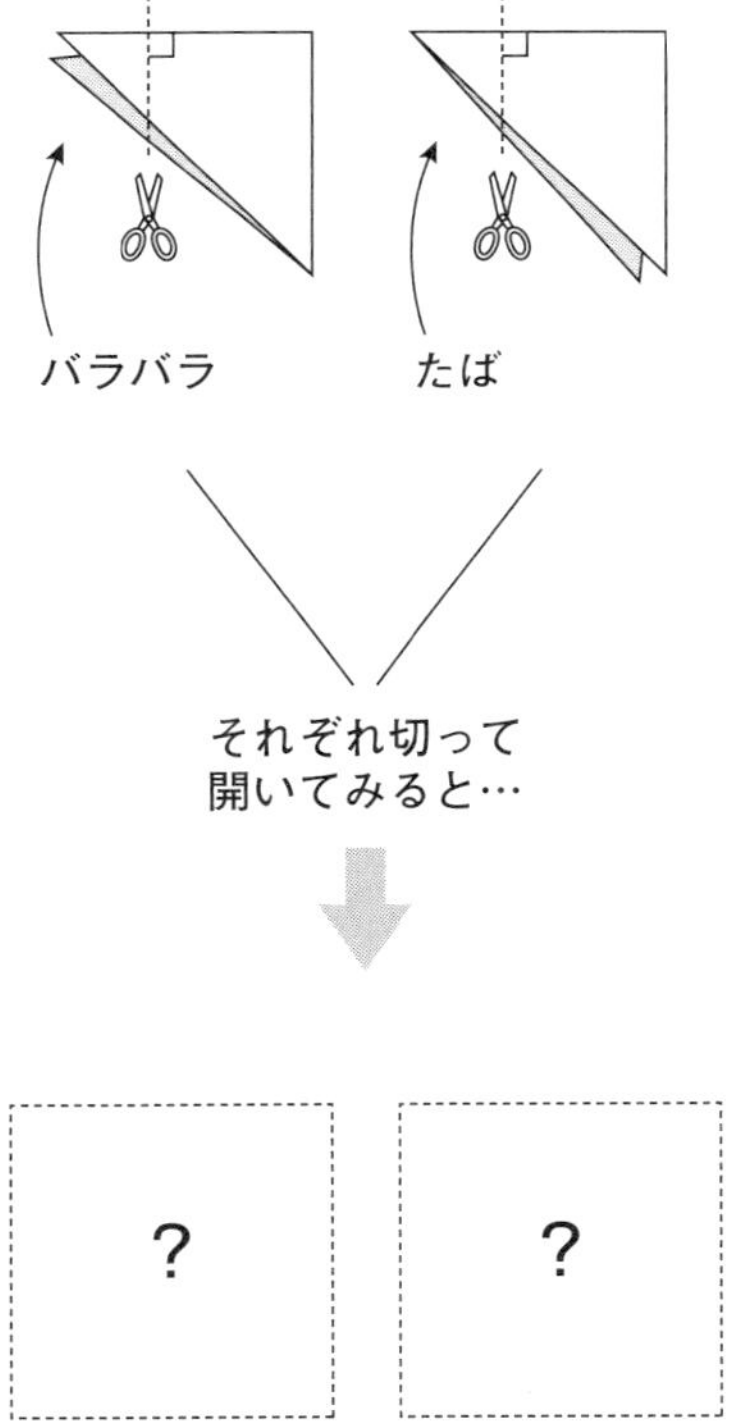

いざハサミで切ってみると……

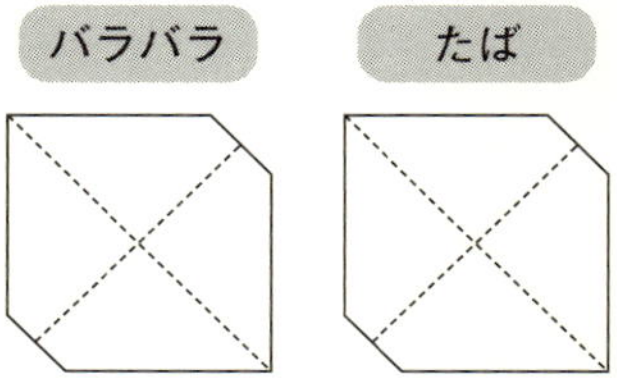

同じ!!

なんと2つとも同じ形になったのです。

この瞬間、教室にいた全員が「うわあ！」と声を上げました。子どもたち、保護者たち、そして私自身も「うわあ！」（笑）。教室のボルテージは最高潮でした。

その後、直角の部分を切ったときには折る回数を変えて切ると違う形になったことをヒントに、今回の2カ所でも折る回数を増やしてやってみました。

「どっちの角でも同じだったのだから、今回も同じだろう」と言うと子どもたちも「ああ、そうか」。

今度は3回折って、2つの角をそれぞれ切って開いてみると……

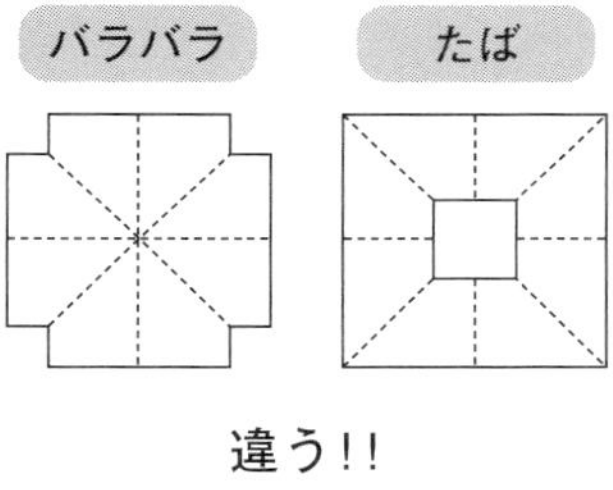

今度は形が違う！　またまた教室がわきました。

ここまできたら、今度は折る回数をもっと増やしてやってみたくなります。当初、予定していた直角部分を切るときには139ページのようなきまりがありましたが、今回の２カ所にも何かきまりが見つかるのか——。

子どもたちから「じゃあ、回数を変えてみたら……」という声が上がるのと、私がそう思ったのはほぼ同時のことでした。折る回数が３回の場合は、右図のように、たばの角とバラバラの角では、違った形が現れた。

では、折る回数を４回、５回、……としたときは一体どうなるのだろうか!?

前のページの図を見て気づいていた方もいたかもしれませんが、３回折ってたばの角を切ったときの形は、実は２回折って直角の角を切ったときの形と全く同じでした。

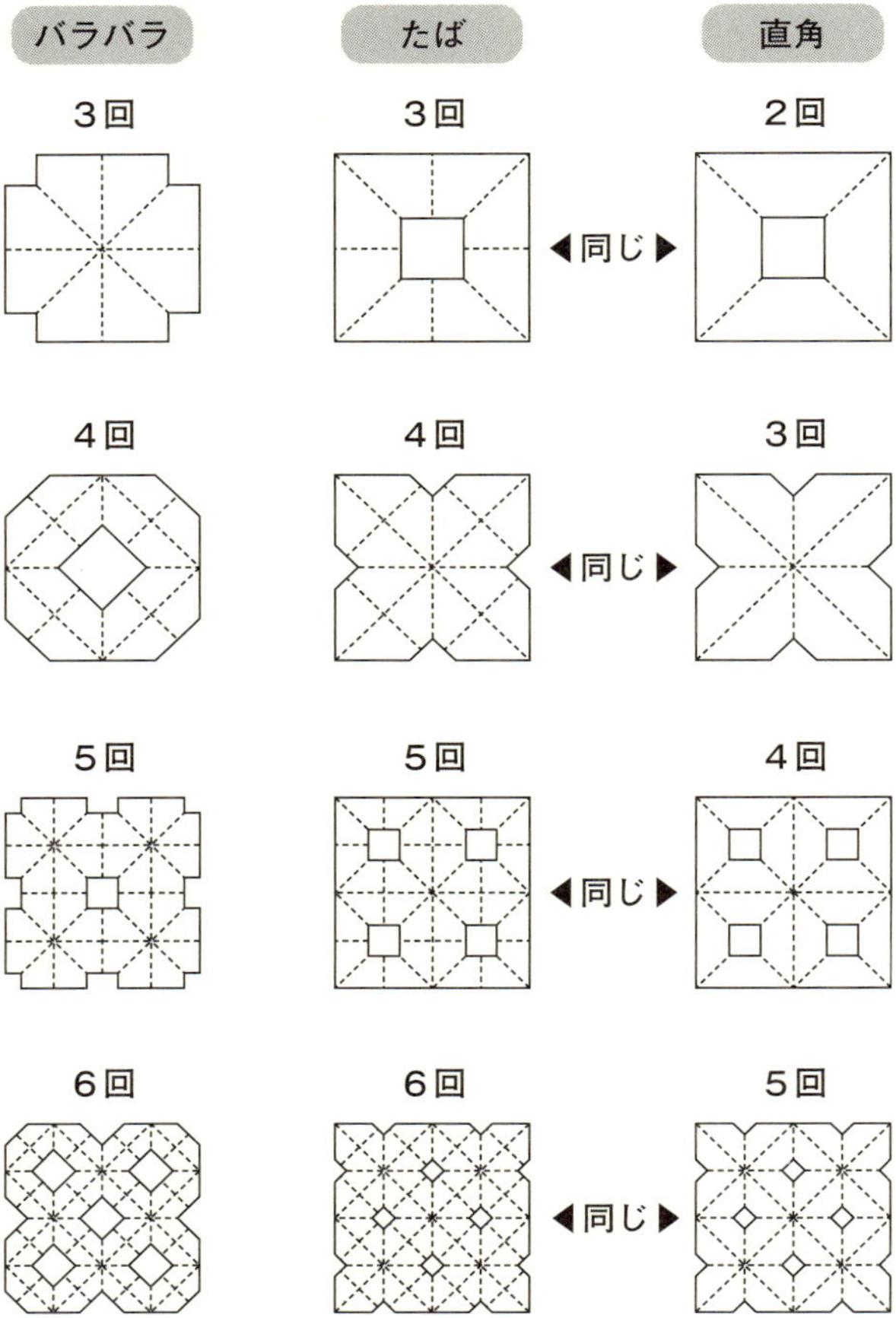

偶数回と奇数回で同じ形が現れるのは３つとも同じ！

「たば」と「直角」は同じ形が現れる！

そして、この関係性は、折る回数を増やしていってもやはり同じ結果になったのです。

4回折ってたばの角を切った形　＝　3回折って直角の角を切った形
5回折ってたばの角を切った形　＝　4回折って直角の角を切った形……

「折る回数」「切る角」ともに違っているのに、同じ形が現れる！　この驚きの結果に、私自身も参観日であることを忘れるほど、子どもたちと一緒に感動していました（どうしてそうなるのかって？　実は冷静に考えてみたら当たり前なのですけどね……笑）。

ちなみに、「バラバラの角」のほうは「直角の角」「たばの角」とは違った形が現れますが、偶数回と奇数回で同じ模様がくり返し現れるという点は3つの角で共通しています。

この授業のときの感動は、今でも忘れません。この瞬間を他の先生たちにも体験してほしくて、この題材は今も講演会などでよくお話しししています。

この日は、授業が終わった後、保護者の方たちから「すごい仕掛けですね」と絶賛してもらいましたが、私自身も実は授業をしながら気がついたとは口が裂けても言えませんでした（笑）。

ただ、私がこれまでの教師経験を踏まえて思うのは、教師が何も全部知っていなければいけないわけではないということです。何十年も生きてきた大人が、十年ぐらいしか生きていない子どものそばにいるだけで、実は立派に役立っているはずです。

そのくらい気軽に構えて子どもを見る日があってもよいのではないでしょうか。

いつでも教師が先を走らなければいけないと構えず、たまには教材研究ゼロでいい（といっても、解いてみておもしろそうと思うものでないといけませんが……）。

ある日突然、無責任授業（笑）。**本当に子どもと一緒に悩みながら授業を進めてみる**ことを一度体験してみてください。

すると、子どもと一緒にハラハラドキドキしながら考えていくことができます。そうすれば、子どもの本当のすごさに感動できるときがあります。そして先生が素直に感動してくれると、子どもはとても喜びます。

つけ加えですが、もしこのように子どもと一緒に考えていく授業をやってみたとき、子どもが教師のリードをただ待つだけになっていたとしたら、自分の日常の接し方を大きく反省しなければいけないとも思います。

子どもと一緒に「考える」、教師の姿を見せるには

将来、教師を目指している学生に、私は大学でも講義をしています。その講義の中で、教材研究しないで児童役の友達と一緒に悩みながら行う授業を実は学生たちにも体験してもらったことがあります。

いくつかのグループに分けて各グループの教師役の学生を廊下に呼び「今日の授業のお題はこれだ」といきなり問題を渡して模擬授業をするのです。

当然、教師役の学生は「え、この問題の解き方、わかりませんよ」と面食らっています。

私は「あなたはわからなくていいから、答えは知っているふりをしてやってごらん(笑)。本当に問題を解くのは子ども役なんだから」と言いました。

教師役の学生が問題の解き方を知らないほうが、実は必死で児童役の話を聞こうとする

のです。その必死さを味わってほしいと思ったのです。

「今日の問題はこれです。意味は……わかりますか?」とたどたどしく授業がスタート。児童役が「わからない。こういうこと?」と聞くと、教師役は「うーん、多分そういうこと」と、教師役と児童役が同時進行で考えています。

児童役：「この線は役に立つ?」

教師役：「この線ですか? ここに入れるの? ここに入れると何に役立ちますか?」

児童役：「もう少しこうすると、三角形が増えるじゃない」

教師役：「ああ、三角形……あ、本当だ!」

どちらも必死になって考えています。教師と児童が一緒に発見して一緒に驚いています。見ていて、私は本当にいい授業だと感じました。

この本を読んでいる先生たちも、ぜひ実際の授業でこのときの教師の必死さを体験をしてみてほしいと思います。たとえば、書店などに並んでいるパズル本などの中から問題を選び、授業の中で子どもと一緒に解き方を考えていくのです。

選ぶ問題は、「おもしろそう。今すぐには答えがわからないけれど、なんとか頑張れば解けそう」という視点で見つけるといいでしょう。それをぶっつけ本番で授業したときに、クラスの子どもの本当のすごさがわかるはずです。

そして同時に、先に答えを知っているときには耳を貸さなかったことに対する自分の感度のよさにも気づくでしょう。**すべての言葉から手がかりを探すので、子どもの言葉を受け取る大人のアンテナが敏感になる**のです。

たとえ子どもたちの言葉が聞き取りづらいものであっても、それはきちんと聞かなければいけません。「今、先生はもしかしてそんなことを尋ねたように聞こえた？」「ごめん、先生はそうではなくて、こっちを聞きたかったんだけど、ごめんね」などと、子どものそのときどきの姿に教師も必死で向き合います。

すると、そのやりとりを聞いている他の子どもが「先生、たぶん○○君はこういうことを言いたいんだと思うよ」とかかわってきてくれたりします。先生が必死に話を聞こうとしているのを見て、子どももそれを助けようと懸命になるのです。

これをいいかげんに流してしまったりしたら、子どもも適当な態度になってしまうでしょう。

子どもの気持ちを必死で考えながら、子どもの言葉を必死で聞きながら、目の前の子どもと必死でかかわっていく――授業づくりの秘訣は、子どもとのやりとりの中にこそあるといえるかもしれません。

この**境地を体験した後で再度、教材研究をしっかり行った授業に戻ってくる**と、一段階磨かれた授業に変わると思うのです。

自分の授業の中から好きなシーンを探してみる

みなさんも先輩の先生から「自分の授業を録画しておいて見返しなさい」と教えてもらったことがあるかもしれません。私も二十代の頃は教師修行としてよくやっていました。その後、テレビ番組で授業をするようになると、その番組の編集作業を通して自分の授業をよく振り返ってみる機会がありました。番組スタッフと一緒に編集室にこもって、いやというほど自分の授業を見るわけです。

45分の中からこのシーンはどうしても見せたいという部分をピックアップして15分の番組に編集していくわけですが、ときには、どう頑張ってもよいシーンが7分くらいにしかならず、後はどうするんだ……とショックを受けたこともありました（笑）。

映像をピックアップするとき、私が使いたいと思ったシーンは、子どもたちの変化が見えるところです。

最初の説明ではしどろもどろだった子が二度目にはきれいに話せるようになったとか、最初は頭を抱えていた子が友達のヒントでパッとひらめくとか、私がわざととぼけると子どもがそこにつっこんでくるとか……。

次第に子どもたちがむきになって話すようになり、それがだんだん子どもの手によって整理されていく――**「自分が気に入っているシーンはこういうシーンだな、つまりこういうシーンが増えればいいんだな」**と思って次の授業を考えます。

私はそうして、自分と自分の授業を改造してきたように思います。

私も若かった頃は、子どもが予想外の発言をすると「えっ、そっちにいっちゃうの（冷や汗）」と思っていたものです。それが、自分を改造していく過程で「そうくるか（驚き）」と思えるようになり、今では「おお、そうきたか（喜び）」と楽しめている自分がいることに気がつきました。

最近は、子どもたちとの対話の中から新しい教材をつくるのがとても楽しくなってきました。
授業を輝かせる材料は、教師が用意した教材だけではなく、子どもの反応の中にある、そう思えると彼らの意外な声を聞くのが楽しみになってきます。

論語の中に、「知好楽」という孔子の言葉があります。

「氏曰く、これを知る者はこれを好む者に如《し》かず。これを好む者はこれを楽しむ者に如かず」——ただ知っている人よりも、好きで動いている人がすばらしい。好きで動いている人よりも楽しんでいる人がすごいという意味です。今は、本当にそれを実感しています。

「一人を見続けてみる」と……

教師の仕事は、**「いかに子どもを見るか」**という仕事でもあると思っています。

これまで書いてきた授業での接し方だけでなく、普段の学校生活でも、子どもの情報をどれだけもっているかで子どもたちへの対応はまったく違ったものになります。

だからこそ、一人ひとりの子どもを普段からきちんと見ようとする意識が大切だと思っています。

たとえば、「クラス全体をよく見なさい。子ども全員を見なければいけません」と教えられたことがあるかもしれません。でもときには、私はあえて真逆のことを試してみることがあります。

一人の子どもだけを集中して見ることで、結果的にクラス全体の出来事が姿を変えて見

えてくることもあるからです。

私が若い先生にすすめているのが**「1分間ウォッチング」**です。

誰か一人、観察する子どもを決めて、1分間ずっとその子どもを目で追います。「ああ、こんなことをするんだ」などと遊びのように観察してみるわけです。

先日、ふいに思い立って、私はクラスのある女の子を観察していました。仮にサチコとしておきましょう。

給食を食べ終わって食器を片づけようとしていたサチコは、お皿の載ったお盆を両手に持ち、脇に牛乳瓶をはさんで、給食台のほうにてくてくと歩いてきました。給食台に置かれている食器用のかごにお皿を戻そうとしましたが、脇にはさんだ牛乳瓶が邪魔をしている様子です。

サチコは「うーん」と一瞬考えるそぶりを見せてから、お盆をいったん給食台に置きました。そして、牛乳瓶を後ろの空いている机の上にぽんと置くと、「これでよし」と表情をゆるめてお皿を食器かごの中にしまっていました。

――これが、ある1分間のサチコの様子です。

かわいいのは、たった1分、一人で動いている間にも表情が変わっていくところです。「うーん」と立ち止まって考えたり、「よし」と嬉しそうな顔になったり、その様子を見ているだけでもその子の人間味が見えてくるでしょう。

普段、授業などで顔を突き合わせているときにはわからなかった意外な一面を発見することもあるはずです。

実は、このお話には続きがあって、給食当番がすべて片づけを終えた後に、机の上に牛乳瓶が一つぽつんと取り残されていました。

その牛乳瓶に気づいた給食当番の子どもが「誰だよ、ここにこんなものを置いたのは」と非難の声を上げましたが、私はすぐにサチコが先ほど置いたものだと気づきました。

サチコのほうに目をやると、サチコは「あ、やばい」という表情になっている。先ほどの子どもが「これを置き忘れた人、言ってください」と犯人探しをしようとしたので、私は「いい、いい、大丈夫」と制して「本人はきっと『やばい』と思っているから、放っておけば自分で片づけるよ」とお茶を濁しました。

その後、そっと見ていると、サチコは自分で牛乳瓶を片づけていました。

ヒソ
ヒソヒソ
ヒソ
ヒソヒソ
いいよ!
大丈夫
いいよ!
だれですか・・・

もしこのとき犯人探しをしようとなったら、教室に殺伐とした空気が流れるでしょう。でも、「あの牛乳瓶はサチコがあのとき置いたな。それを単純に忘れているだけだな。『やばい』という顔をしているからもうわかっているな」と前後の事実を知っていれば、優しく対応できます。

サチコを1分間観察したときの戸惑った顔とか、嬉しそうな顔などが浮かべば、わざわざ事を大きくすることもないと思えるでしょう。

普段から子どもを観察していると、このような事実に巡り会うものです。子どもの事実を見ようと頑張っていると、〝神様〟はきちんとそういうシーンを私たちに見せてくれます（私が特別に信心深いわけではないのですが……笑）。

自分が見た事実をもとに子どもたちに接することができれば、それは子どもたちにとって本当の意味で優しい指導になるはずです。子どもも「先生はよく見てくれている」と思うので、相乗効果でクラスが育っていくでしょう。

子どもの世界に近づくときに大切なこと

学校は小さな社会だとよく言われますが、それは小さくてもとても複雑な世界です。むしろ小さいからこそ、その中での人間関係は大人の私たちが想像する以上に奥深いものなのかもしれません。

教師が普段からきちんと子どもを見ているつもりでも、見えていないことはたくさんあります。ですから、子どもの世界に教師が立ち入ろうとするときには、子どもの事実をきちんと集めながら、少しずつ近づいていくことが必要なのです。

数年前、新しいクラスをもって一カ月くらいたったときのこと。

トラブルを抱えたＡ子が私に相談にきたことがありました。

靴箱の靴を誰かに隠されたり、靴の中に画びょうを入れられたりすることが時々あるのだけど……と涙ぐんでいます。

相談を聞いた私は、まずはその事実を見つけるための時間が必要だと思いました。

そこで、A子には「絶対に一週間以内に解決してあげるからね」と約束をしてまずは安心させてから、その間は「誰にも言わないように」と念を押しておきました。

相談を受けたその日から、私は空いた時間を靴箱の前の部屋で過ごすことにしました。お昼休みや放課後にその部屋に行き、入り口のドアをちょっと開けておきます。部屋の中で同僚の先生たちと雑談をしながら、それとなく靴箱のほうを観察していました。

一日目は何も起こらず、二日目も何事もなく過ぎ去りました。

そして三日目のこと。

一人の女の子が靴箱のところにやってきて、通りすがりにA子の靴のところをバンとはたいていったのです。やはり、〝神様〟がいました（笑）。見ようと思えば、ちゃんとその事実が見えるのです。

この事実を見ることができたら、今度は靴をはたいていったB子を観察します。「なぜそのようなことをするのか」、理由を探ろうと目的をもってA子とB子の関係性を見ていくのです。

すると、これまでのA子からの相談しか手がかりのなかった状態よりも、ずっと多くのことが見えてきました。

給食時間にA子とB子は同じ班の斜め向かいの席だったのですが、A子はB子に背中を向けて他の班の子とずっと話していることが多かったのです。

といっても悪気があってやっているのではなく、単純に隣の班にいる友達の話がおもしろかったので、結果的にB子に背中を向けることになってしまっていた様子でした。

B子は話題から取り残されて寂しい思いをしていたのでしょう。そんなことがたくさん積み重なって、嫌がらせをするに至ったのかもしれません。

このように、**子どもの事実を見ようとするときには、子どもの世界への近づき方が肝心**です。子どもが警戒するような近づき方をしてしまえば、手がかりは遠のいてしまうことがあるからです。

今回の事件でも、最初にA子から相談をされた時点ですぐに学級会を開き、「こんなことがありました」などとやっても、B子が名乗り出ることはおそらくないでしょう。さらに、当事者以外は関係のない事件なので、クラスの子どもたちも嫌な思いをするはずです。

A子から最初に相談を受けたとき、靴が隠されていたり、画びょうが入っていたり、という事件が何度かあったと聞いていました。事件の頻度が高いということは、継続して起こるということでもあるので、私たちが「見よう」とすぐに動けば、隠れた事実が「見えてくる」チャンスはあるということです。

あえて他のクラスの子どもを観察してみると……

「子どもを見る」といっても、見えているようで見えていないことが実はたくさんあると思っています。

子どもを見ようと教師が構えた瞬間に、その本当の姿が見えなくなってしまうこともあるからです。

私は、休み時間などに学校をうろちょろと歩き回って「子どもウォッチング」をしています。子どもたちに話しかけるでもなく、何か指導するでもなく、休み時間の子どもたちのありのままの姿をただ眺めて回ります。

ときには、あえて自分のクラス以外の子どもをウォッチングしてみることもあります。

たとえば、ウサギ小屋のあたりにぶらっと行くと、ウサギへの餌やりをめぐって他のクラスの子どもたちが言い争っている。

普通は、そのような場面に遭遇すると、担任の先生に報告しなければいけないなどと思って一部始終を観察するかもしれませんが、私は「こんな事件はきっとうちのクラスでもあるはずだよな」と自分のクラスの子どもたちに置き換えて見ています。

事件の最初から最後までを見て「あ、そうか。子どもってこういうときにはこうするのか」と学べば、その情報は必ず自分のクラスでも生きてくることでしょう。

このように、普段から「子どもウォッチング」をすることで、子どもの世界をのぞく力を鈍らせないようにしているのです。

私の先輩である正木孝昌氏が次のようなことを言っていました。

「光を当てないと見えない昆虫というのがいたとすると、その昆虫の本当の姿は誰も見たことがない。本当の昆虫の姿は誰も見られない」――光を当てないと見えないけれど、光を当てた瞬間に姿が変わってしまうなら、その昆虫の姿は見ることができないというわけです。

これは、子どもの世界も同じでしょう。

教師がコンコンとノックした瞬間に、子どもの姿は見えなくなってしまいます。だからこそ、教師がずっと見ている姿はもしかしたら本当の姿ではないかもしれないという疑いをもっておく必要があるのです。

子どもたちの本当の姿を見るのは、そのぐらい難しいのだ、でもだからこそ彼らの本当の姿に近づきたいと努力をすることが、学級づくりでも授業づくりでも大切なことだと考えるのです。

おわりに

六年生のA男が、「資料の整理の仕方」の学習で、教科書の表を見ながらせっせと「正」の字を書いて柱状グラフをつくるために集計していた。彼は調べるものを一つ決めて表の中から見つけ出してカウントしては記録し、次の項目に再び移っては同じことをして調べている。

同様に「正」の字を書いて集計しているけれど、隣のB子はさっさと作業を終えてにこにこしながら隣のA男のやっていることをのぞき込む。そして「それだと何回も表を見直さなきゃいけないでしょ」と一言。子どもたちの机の間を回りながら、私はこの会話が気になった。

「それだと何回も見直す」ってどういうこと？ すると、「だってね、正の字を書く方法は後から個数がわかればいいんだから、表の上から順に一つずつ調べて書いていけば、表を見るのは一回ですむんだよ」と言う。

A男は何のこと？ と怪訝な顔をしているが、そういえばA男は、同じ種類のものをカウントし終えてから書き込んでいるのにどうして正の字を書いているのだろうと私も思った。それなら最初から数字を書き込めばすむのに……。

B子の指摘でA男の「正」の字には意味がないことがわかる。でも作業が終わった後のノートだけを見ると、どちらも同じ状態に見える。過程を見ることは大切だ。確かに教科書やドリルにあるデータを整理するぐらいならどちらの方法だろうとそれほど時間差はないのだけれど、調査データの表が何枚にもわたっていたりするときは、こうした手順の特徴を意識して取り組まないと時間に大きな差ができてしまうのかもしれない。そんなことを感じていたら、後ろの座席のC男が参戦。

彼は、それでも同じものを一気にカウントするA男のやり方のほうが作業は速いと主張する。力強く主張されると私も揺らぐ。でもB子の言うように項目数が増えるとその回数分だけ表を見直すのは確かに手間がかかりそう。B子の言うことも一理ある。

こんなやりとりが続いていると、C男の隣のD子がまたまたおもしろいことを言い出した。表のデータの数と整理する項目をかけ算してみればいいという。整理の項目が5項目で表のデータ数が40だったら、一つずつ分類する場合は動作が一度に5回ずつでそれが40回分。だから目の動きは5×40=200動作必要だという。逆に40のデータを一気に見る方法はそれを5回くり返すので表の欄を目で追う回数は40×5で200動作。

だから結局一緒だという。この説明を聞いていた周りの子が感心する。でも当のA男とB子は、実際にやってみたらやっぱり自分のほうがやりやすいし速いはずだと譲らない。

それでは実際にどちらが速いか競争してみようかということになった。A男、B子の周りの男子と女子が互いの言葉に同調して別のデータ表を集計してどちらが速いか競争し始めた。いやはやおもしろい子どもたちである。算数の時間の他愛もない一コマ。

まあ、結果はどうでもいい。この子たちが、正の字を書く集計方法のよさは何かとか、作業の手順を数値化しようなどと、仲間と楽しんでワイワイガヤやっていて最後はクラスの仲間を巻き込んで検証しようと盛り上がっているこの姿自体がいい。

そして改めて子どもはすごいなと思う。こんな時間を子どもたちと楽しめている私はとても幸せである。毎日、子どもたちのこんな姿に出会ってはしみじみ大人の頭の固さを反省する日々である。ところがこんな姿に出会ったことがないという大人もいる。実は何かを教え込まなければ……と躍起になっている大人の前では、子どもたちはこんな姿を見せてくれない。日々の生活の中で形式にどっぷり浸かった大人たちより考える力もアイデアも本当はとてもユニークなのが子どもという生命体。それなのに、そんな彼らが授業中静かになり受け身になったまま過ごしているのはなぜだろうと考えてみることが必要である。

子どもたちが静かになるにはちゃんと理由がある。たとえば教師の指示、問いかけの意図がよくわからないとき。子どもは急に静かになる。さらにいつも道筋を勝手に決めていて子どもに委《ゆだ》ねる空間をつくる気のない大人の前では彼らは最初から諦めてしまって本来のたくましさ、アイデアの豊かさを見せようとはしない。つまり原因はすべて大人の側にある。

最近、後輩や教育実習生の授業を見ていて気がついたことがある。

子どもは教師の視野から逃れた瞬間に動き出すということ。教師と向き合っているときは見せないのに、教師が板書を始めたり机上の画用紙を整理したりし始めて間があくと、隣の友達と相談したり後ろを向いたりして自然体で動き出す。ときには離れた座席の友達と身ぶり手ぶりで会話したり、机の上のものを動かして試行錯誤してみたり……実に様々な動きをする。でも教師が振り向いて子どもたちに視線や言葉を投げかけた瞬間、その動きはさっと姿を消してしまう。自分の授業でもきっとこんなことが起きているな、そう思って自分が板書するときに絞って授業ビデオを見直してみた。するとやはりいた。その姿に私も気がついていない。そうか、子どもをゆるめる時間が必要なんだなとこのとき思った。そう感じて私は最近わざと「雑談タイム」なんてとったりしている。ときには授業中に自由に立ち歩くことも認めてみる。こうしてなんとか彼らの自然体の姿を引き出すことに努めていたら、冒頭のような光景に出会えるようになった。

本当の子どもの世界に近づきたいと思ったら、まず教師という大人の構え方、つまり子どもへの向き合い方を変えてみることである。

一度、子どもの世界のすごさが見えたら教師という仕事がおもしろくてたまらなくなる。

二〇一五年二月　田中博史

[著者略歴]

田中博史（たなか・ひろし）

1958年山口県生まれ。1982年山口大学教育学部卒業、同年より山口県内公立小学校3校の教諭を経て1991年より筑波大学附属小学校教諭。専門は算数教育、授業研究、学級経営、教師教育。人間発達科学では学術修士。筑波大学人間学群教育学類非常勤講師・共愛学園前橋国際大学非常勤講師・全国算数授業研究会会長・基幹学力研究会代表・日本数学教育学会出版部幹事・学校図書教科書「小学校算数」監修委員。また元NHK学校放送番組企画委員として算数番組「かんじるさんすう1・2・3」「わかる算数6年生」NHK総合テレビ「課外授業ようこそ先輩」などの企画及び出演。JICA短期専門委員として中米ホンジュラス、またタイやシンガポールのAPEC国際会議、数学教育国際会議（メキシコICME11）、米国ではスタンフォード大学、ミルズ大学、カリフォルニア大学バークレー校、さらにイスラエルにおける授業研究会などでも現地の子どもたちとのデモンストレーション授業や講演などを行っている。

[主な著書]

『量と測定・感覚を育てる授業』（国土社）『追究型算数ドリルのすすめ』（明治図書）『わくわくいきいき学級づくり1年間2年生』（日本書籍）『新しい発展学習の展開1・2年』（小学館）『田中博史のおいしい算数授業レシピ』『田中博史の楽しくて力がつく算数授業55の知恵』（いずれも文溪堂）『学級の総合活動高学年・輝き方を見つけた子どもたち』『算数的表現力を育てる授業』『使える算数的表現法が育つ授業』『遊んで作って感じる算数』『プレミアム講座ライブ田中博史の算数授業のつくり方』『輝き方を見つけた子どもたち』『田中博史の算数授業1・2・3』『語り始めの言葉「たとえば」で深まる算数授業』『子どもが変わる接し方』（いずれも東洋館出版社）他多数。

[近年の主な監修・編共著]

『板書見ながら算数作文』シリーズ全4巻（明治図書）。『算数授業で学校が変わる～授業改革から学校改革へ』（東洋館出版社）『論理的思考力を育てる算数×国語の授業 問い作り・思考作り・価値づくり』（明治図書）などは新潟県、福岡県の公立学校との共同の書。『学校を元気にする33の熟議』『学校をもっと元気にする47の熟議』（東洋館出版社）ではスクールリーダー育成を、また子どもの何気ない言葉の裏にある思考を整理した『ほめて育てる算数言葉』（文溪堂）、他教科の同僚と学級経営の視点で授業を見つめ直して作った『高学年の心をひらく授業づくり』（文溪堂）など多様な提案にも取り組む。
その他、子ども向けの作品として、『算数忍者』シリーズ（文溪堂）、『絵解き文章題』『4マス関係表で解く文章題』（学研）、算数読みもの『なぜ?どうして?算数のお話』（学研）、「ビジュアル文章題カルタ」「ビジュアル九九カルタ」「ビジュアル分数トランプ」（文溪堂）などの教具開発、学校用算数ドリル「算数の力1年～6年」など多数手がけている。

子どもが変わる授業

算数の先生が教える授業づくりの秘訣

2015（平成27）年2月12日　初版第1刷発行
2019（平成31）年2月 9日　初版第6刷発行

著　者　田中博史
発行者　錦織圭之介
発行所　株式会社 東洋館出版社
〒113-0021 東京都文京区本駒込5-16-7
営業部　電話 03-3823-9206／FAX 03-3823-9208
編集部　電話 03-3823-9207／FAX 03-3823-9209
振替　00180-7-96823
URL http://www.toyokan.co.jp

装　幀　水戸部 功
イラスト　キムラみのる
印刷・製本　藤原印刷株式会社

ISBN978-4-491-03088-3　Printed in Japan